ÉTUDES DE PHILOSOPHIE NATURELLE
8me SÉRIE : No 2

LE VRAI
SYSTÈME GÉNÉRAL

DE

L'UNIVERS

(Avec Planche)

PAR

J.-ÉMILE FILACHOU

Docteur es-Lettres.

Maxima pars intelligentiæ
scire quid nescius.
CASSIANUS; *Collat.*, IV.

MONTPELLIER | PARIS
Félix SEGUIN, Libraire-Éditeur | DURAND & PEDONE-LAURIEL
Rue Augusterie, 93. | Rue Cujas, 9.

1878

Suite des Ouvrages du même Auteur

Montpellier. — Typogr. Boehm et Fils.

ÉTUDES DE PHILOSOPHIE NATURELLE

3me Série : No 2

LE VRAI

SYSTÈME GÉNÉRAL

DE

L'UNIVERS

POUR PARAITRE SUCCESSIVEMENT:

N° 3. Origine des Météorites et autres corps célestes.
     1 vol. in-12.

N° 4. Sources naturelles du surnaturel (avec planche).
     1 vol. in-12.

N° 5. Prodrome de Chimie rationnelle. 1 vol. in-12.

N° 6. Du premier instant dans la série des êtres et des
     événements. 1 vol. in-12.

N° 7. Fins et moyens de Cosmologie rationnelle. 1 vol. in-12.

N° 8. De la contradiction en philosophie mathématique.
     1 vol. in-12.

N° 9. Du péché originel et de son irrémissibilité. 1 vol. in-12.

N° 10. Transcendance et variabilité des idées réelles.
     1 vol. in-12.

4° SÉRIE :

Montpellier. — Typ. BOEHM et FILS.

ÉTUDES DE PHILOSOPHIE NATURELLE
3me SÉRIE : No 2

LE VRAI
SYSTÈME GÉNÉRAL

DE

L'UNIVERS

(Avec Planche)

PAR

J.-ÉMILE FILACHOU

Docteur ès-Lettres.

*Maxima pars intelligentiæ
scire quid nescias.*
CASSIANUS; *Collat'.*, IV.

MONTPELLIER
Félix SEGUIN, Libraire-Éditeur
Rue Argenterie, 25

PARIS
DURAND & PEDONE-LAURIEL
Rue Cujas, 9.

1878

AVANT-PROPOS

Devant résumer toutes choses, le sujet de cet écrit est assez difficile à traiter. Nous allons entreprendre de nous y préparer par un coup d'œil rétrospectif sur la *phénoménologie transcendante*, dont les principes sont ici fondamentaux, et surtout essentiels pour remarquer les interversions de place ou de rang entre les mondes.

Le monde *en général* comprend, ainsi que nous l'avons indiqué *fig*. 1 de la Planche ici reproduite, trois mondes *spéciaux* tous aussi grands que lui d'ailleurs en *principe*, mais en *fait* très-inégaux : le *central*, le *moyen* et le *périphérique*. De là, trois sauts essentiels à faire pour passer du plus petit monde au plus grand ; mais on ne s'en aperçoit pas, et, lors de la transition d'un monde à l'autre, il y a le même changement absolu de relation que si, par exemple, dans un pays de castes, on passait successivement par les trois castes du peuple, des nobles et des souverains.

1

Puis, tous ces mondes *spéciaux* subsistent en chaque être, tout autant que, *absolument* un en principe, il ne laisse point d'être encore, de fait ou *relativement*, susceptible d'agrandissements ou de rapetissements de plus en plus accentués, comme on peut se le représenter sous la forme des rapports $1 = \dfrac{a}{a} = \dfrac{A}{A} = \dfrac{\infty}{\infty}$. Les trois sortes de grandeurs inverses figurées dans les seconds membres correspondent aux états constitutifs des êtres appartenant aux trois mondes *central*, *moyen* et *périphérique*, dont nous venons de parler.

Enfin, il ne faut jamais oublier qu'il y a le monde essentiellement *imaginaire* de l'Intellect, peuplé d'êtres considérés comme *objectifs*, et le monde essentiellement *réel* du Sens, réduit à l'état de *subjectivité* complète en chacun de ses membres individuels. Ce sont là deux extrêmes entre lesquels il existe une multitude innombrable de degrés intermédiaires. Le premier extrême est représenté par le grand cube de la *fig*. 2, et le second extrême l'est par le petit cube de la même figure ; mais, énormément différant déjà par les dimensions, ces deux mondes extrêmes diffèrent encore par l'Esprit essentiellement révolutif, et prompt à déserter radicalement le grand cube, pour circuler d'abord avec une infinie vitesse autour du petit cube ainsi circonscrit et pénétré d'une petite sphère.

De cette manière, l'être ainsi formé s'isole originairement de tout par le Sens; mais, par l'Intellect,
qui rétablit aussitôt le grand cube dans lequel il
entre déjà comme élément, il a lieu de se reconnaître en même temps objet et sujet d'une foule
de *relations* dont les degrés de puissance *intellectuelle*, bien plus que ceux de puissance *sensible* apparente, mesurent la véritable portée ; c'est pourquoi, suivant le degré de puissance qu'il possède
en propre, il se range finalement en la caste qui
lui convient, comme *extrême* d'abord et *moyen* ensuite.

Au point de vue de la présente dissertation, le
grand cube *périphérique* de la *fig.* 2 est la région
des *puissances absolues spirituelles ;* le petit cube
central est la région des *types absolus rationnels ;*
et (ce que la figure ne dit pas) le *sphéroïde cc'*, figure
de *puissances relatives*, au lieu d'être compris dans
le système (ou l'aire des lignes de jonction) du
grand et du petit cube, est censé plutôt résider
en dehors ou *en dedans* de cette région, comme
n'étant plus propre qu'à représenter le jeu *formel*
des *tendances moyennes* entre les *puissances absolues*
et leurs *éléments.*

LE VRAI

SYSTÈME GÉNÉRAL

DE

L'UNIVERS.

~~~~~~~~

1. « La Science, un jour, cessera d'exister » , a dit saint Paul (1 Cor., VIII, 8). Ces paroles de l'Apôtre nous semblent clairement indiquer à quel point de vue nous devons ici nous placer pour répondre au titre de cet écrit, dont l'idée pourrait bien être, sans cela, détournée dans les sens les plus divers. Naturellement, en effet, chacun regarde comme le point de vue le plus général du monde, le sien propre ; et, comme on s'inspire volontiers de soi-même, tout écrivain qui s'emparerait ici sans méfiance de notre sujet, sortirait sûrement de la question. Ainsi,

l'Astronome, enclin à juger de l'excellence ou
de la supériorité de sa science par la grandeur
des Cieux qu'elle embrasse, appellerait infailli-
blement de préférence notre attention sur les
positions relatives et les mouvements harmo-
niques de tous les corps célestes. Le Théo-
logien, aux yeux duquel le principe religieux
domine tout, nous décrirait de son côté le
monde à la manière de Bossuet écrivant son
Histoire universelle, c'est-à-dire comme une triple
manifestation de liberté, de sagesse et de finalité
surnaturelles. Mais le politique, plus observateur
que philosophe, et persuadé d'ailleurs de l'entière conformité de rapports entre les événe-
ments cosmiques et les faits de l'histoire, se
plairait au contraire à nous montrer en constant
développement parallèle les causes libres et les
causes fatales incessamment aux prises, et tournant, les unes en cercle, les autres en spirales
indéfinies. Enfin, le Géologue, presque dédai-
gneux des faits d'ordre intellectuel et moral,
mais d'autant plus grand admirateur de ceux
d'ordre matériel ou physique, nous dépeindrait
sans doute bien volontiers, à son tour, l'espace

rempli de globes innombrables, disposés par régions et florissants aussi par époques, mais, sinon individuellement, au moins collectivement, doués d'intrinsèque vitalité périodique, etc. Cependant, ni le système *astronomique*, ni le système *religieux*, ni le système *politique*, ni le système *géologique*, ou tous autres analogues, ne seraient point le système vraiment *général* de l'Univers, car ce dernier système doit être évidemment exempt de tous les points de vue *spéciaux* imaginables, et n'être,, en quelque sorte, rien de déterminé, pour pouvoir être tout ou se reproduire partout également ; c'est-à-dire qu'il doit presque contradictoirement être un système et n'en être pas un, chose non moins évidemment paradoxale qu'évidemment vraie.

Et cette idée nous est, avons-nous dit, suggérée par le texte précité de l'Apôtre. Disant, en effet, qu'un jour *la science sera détruite*, saint Paul n'a point assurément voulu dire qu'alors l'ignorance régnera, mais, au contraire, que la connaissance, devenant d'investigative *intuitive*, cessera par là même de procéder, comme aujourd'hui, par raisonnements ou par systèmes, et du pre-

mier coup sera complète, à peu près comme on
n'a nul besoin de marcher quand du premier pas
on atteint au terme de sa course. La vision
intuitive, et pourtant intellectuelle aussi, dont
il est ici question, ressemble beaucoup au
regard infiniment mobile d'un homme con-
templant sensiblement d'un clin d'œil une vaste
campagne, mais restant néanmoins libre d'exa-
miner plus tard à son gré, soit l'ensemble, soit les
détails de sa vision; car le principal mérite de
l'intuition immédiate et directe n'est point dans
la plénitude d'*aperception objective*, mais dans
la libre ou pleine *spontanéité* d'aperception.
Ordinairement et toutes les fois au moins que
nous voulons nous rendre bien compte des
choses, nous devons insister pendant plus ou
moins longtemps sur la considération des détails
d'un objet, si nous voulons en bien saisir l'ensemble, ou bien commencer par l'attentive considération de l'ensemble, si nous voulons en
apprécier convenablement certains détails inu-
sités. Dans la vision intuitive, il n'en est plus de
même: ici, le passage de l'ensemble aux détails
ou des détails à l'ensemble se fait toujours d'un

bond, parce que, le rapport en étant perçu
(comme les détails le sont eux-mêmes d'ailleurs)
immédiatement et directement, la pensée, qui n'a
nul échafaudage de degrés à franchir en sa
transition d'un terme à l'autre, se trouve comme
orientée du premier coup ; elle se fixe instantanément comme se fixerait instantanément l'ai-
guille magnétique un moment détournée de sa
direction normale, n'était la vitesse acquise en
pareil cas et dont la pensée n'est point d'ailleurs (en sa qualité d'*insensible*) capable. Un
échafaudage de cette nature nous est toujours
offert par la Science dans ses nomenclatures
élaborées avec tant de soin en vue d'arriver plus
promptement à la reconnaissance des êtres une
fois classés ; et l'on ne disconviendra point qu'ef-
fectivement les sciences naturelles, comme la
Chimie, la Minéralogie, la Botanique, etc.,
n'existent à titre de sciences que depuis le plus
ou moins heureux établissement de ces nomenclatures. Eh bien ! cette admirable hiérarchie de
degrés qui facilite tant aujourd'hui les recherches,
est cependant en définitive un obstacle à la
Science absolue, car elle prend toujours (pour

ne point parler d'autres inconvénients possibles) un certain temps, et la Science absolue n'en comporte aucun. Cette dernière s'établira donc, quand, justement, les méthodes scientifiques disparaîtront, comme inutiles, devant la soudaineté des regards de l'intelligence, aussi prompte à refaire qu'à défaire tous les faisceaux possibles d'idées, en n'importe quel ordre de connaissances que ce soit.

Comme la vision intuitive n'existe pas encore pour nous, et que les nomenclatures scientifiques sont un moyen d'y suppléer tant bien que mal, nous n'avons garde de les négliger ; mais, supposé que la vision intuitive existât, l'utilité de ces méthodes cessant, nous nous en passerions au contraire très-avantageusement, puisque leur ultérieure intervention ne servirait plus alors qu'à susciter en l'esprit, par la multiplicité des voies ouvertes, d'incessantes occasions d'erreur ou causes de retard. Et, comme allant ainsi seule désormais en perfection, la vision intuitive est sans contredit, dans sa simplicité, plus riche que la Science même la mieux pourvue de tout l'attirail systématique imaginable. C'est assez dire par là qu'elle ne tient en rien des systèmes ou des méthodes ordinaires artificiellement élaborées ; et, cependant, elle est un vrai système ; mais ce vrai système n'est pas autre chose que le système *naturel*, à la fois simple et général, ou bien résolvant à la fois toutes les questions sans s'arrêter sur aucune, puisqu'il est censé — comme il vient d'être dit — se suffire à lui-même et se passer de tous moyens étrangers aux données immédiates de l'observation.

2. L'Écriture suppose évidemment le premier homme, Adam, abondamment doué de cette brillante faculté d'*intuition* avant sa chute originelle, quand elle nous le montre passant en revue les animaux et leur donnant des noms conformes à leur nature. Dans ce cas, il savait instinctivement (ou sans science ni réflexion) discerner dans les animaux, à peine entrevus avec leurs formes ou mouvements ou cris, ce que nous n'y savons discerner nous-mêmes qu'à grand'peine, en les étudiant avec beaucoup de soin ; mais il n'était point alors le seul être ainsi surnaturalisé, car, se montrant obéissants et

dociles à son égard, les animaux prouvaient
qu'ils savaient très-bien reconnaître à leur tour
sa supériorité de raison ou d'intelligence sur
eux tous ; et l'un de ces deux effets extraordi-
naires impliquait nécessairement l'autre [1]. Nous,
au contraire, qui sommes renseignés par la
Science, mais par la Science seule, sur la nature
ou l'instinct des animaux, nous n'avons sur eux
qu'une supériorité superficielle, n'échappant
guère moins à leur immédiate aperception qu'à
la nôtre ; et, par suite de cette fluctuation originaire d'idées, il nous est à peu près impossible
de soupçonner de quels sublimes rapports nous
a fait déchoir la fatale envie du premier Homme
de parfaire un état déjà parfait, en y accolant la
possession d'une science *expérimentale* et *rationnelle* en principe, dont les bénéfices respectifs sont bien incapables de compenser les avantages précédents évanouis.

[1] Quand les *Sujets* sont parfaitement ordonnés, il faut bien
que les *objets* le soient aussi ; car ces derniers ne sont que
l'actuelle représentation *externe* des actes ou des états *internes* des premiers. Le principe de l'identité du subjectif et
de l'objectif, *intuitivement* appliqué, doit renouveler à la fois
toutes choses, êtres et idées.

Nous concevons donc un *système général* de connaissances, nullement scientifique ou tout à fait naturel, d'une part, et pourtant, d'autre part, excellemment scientifique, comme évacuant ou rendant inutile et même superflue toute contention ou recherche actuelle d'esprit, ainsi que toute construction ou méthode artificielle provisoire. Ce système-là serait-il, maintenant, susceptible d'être formulé sans faute, ou bien est-ce une folie de songer à le découvrir et mettre au jour?... Au lieu d'en discuter oiseusement ici la possibilité, supposons-le, au contraire, connu : que serait-il? ou plutôt que serait alors, à son point de vue, l'Univers? Il serait clairement, pour nous, comme un immense Royaume intellectuellement apparent ou bien *intuitivement* perçu d'un seul regard de l'esprit, et que nous pourrons appeler en conséquence le *Royaume de l'idée*. Mais, en connaissant alors tous les ressorts tenus aujourd'hui pour secrets, c'est-à-dire, tous les *besoins* d'une part et toutes les *ressources* de l'autre, nous saurions pareillement en tout temps comment la Nature elle-même s'y prend pour répondre à la fois à toutes ces exigences, et fonder ou maintenir l'harmonie primitive, en mettant et conservant chaque être, même discordant, dans l'état ou le lieu requis; c'est-à-dire que nous aurions équivalemment en nos mains le *Ministère des vitesses*. Enfin, les êtres alors censés composer l'Univers seraient nécessairement, pris par unités ou par groupes, ou nos *supérieurs*, ou nos *égaux*, ou nos *inférieurs*. Placés vis-à-vis d'eux comme nos supérieurs, nous ne pourrions jamais évidemment chercher à nous soustraire à leur empire, et devrions rester *passifs* à leur égard ; mais, entrant en relation avec eux comme nos égaux, nous aurions la faculté de jouer alternativement avec eux les rôles inverses d'*actifs* et de *passifs* ; et, placés vis-à-vis d'eux comme les dominant, nous pourrions nous approprier, inconditionnellement cette fois, le rôle *actif* dans toute sa plénitude. Les êtres restant en dehors de toute relation prennent notoirement le nom de *neutres*. En dehors des êtres tout à l'heure énumérés et respectivement qualifiés d'*actifs*, de *passifs* et de *neutres*, en conçoit-on maintenant d'autres possibles? Non, évidemment. En eux, nous avons donc, réunis, tous les agents comme tous les rôles possibles, et par là même tout le *champ d'exercice* placé sous le *Ministère des vitesses* dans le *Royaume de l'Idée.*

3. Les êtres actifs, passifs ou neutres dont nous venons de parler sont, tous et chacun, susceptibles des deux aspects de *sujet* et d'*objet* ; et là-dessus on peut se rappeler ce que nous avons plusieurs fois dit ailleurs : qu'il y a toujours lieu de réputer, en regard de l'Objet *un*, le Sujet triple ; ou inversement, en regard de l'Objet *triple*, le sujet *un*. Par exemple, en regard du monde extérieur encore indistinct par hypothèse et dès-lors un, tout sujet est triple, comme doué des trois facultés de *sentir*, de *penser* et de *vouloir*. De même, en regard du Sujet réputé simplement actif, et par conséquent un à son tour, le champ d'exercice objectif apparaît au contraire triple sous la forme des trois mondes *sensible, intellectuel* ou *moral*, auxquels il peut appartenir. Il est impossible, en effet, de placer le *relatif* toujours triple, et l'*absolu* toujours un du même côté tout à la fois ; et force est ainsi de les placer en face,

comme s'envisageant ou se terminant réciproquement, avec inversion de rôle suivant la nature des cas. Après ces observations préliminaires, revenons maintenant sur la conception du *Royaume de l'idée* naguère émise.

Un tel Royaume est évidemment le théâtre de la Puissance *intellectuelle*, et, suivant ce que nous disions tout à l'heure, *subjectivement* envisagée, cette puissance peut être réputée de fait et de droit *une ;* donc elle est ou doit être, en ce cas, *objectivement* triple.

Comment peut-elle être, cependant, objectivement triple, sinon en s'appropriant objectivement les trois rôles *sensible, intellectuel* et *moral ?* De ces trois rôles *objectifs*, le second (ou *l'intellectuel*) est déjà *subjectivement* le sien propre : il y a donc, sous ce rapport, en elle, identité complète entre le sujet et l'objet. Au contraire, de ces mêmes trois rôles *objectifs*, ni le premier (ou le *sensible*), ni le dernier (ou le *moral*), ne lui conviennent *subjectivement*, en tant qu'exclusivement intellectuelle à cet égard en son fond : donc, dans ces deux cas spéciaux, l'identité présupposée régner entre le sujet et l'objet, sans être nulle, n'est plus complète comme tout à l'heure, mais simplement partielle ou relative.

Pour offrir un exemple pratique de cette distinction ici très-importante, nous rappellerons au lecteur le fait analogue d'Optique dans lequel la lumière réfractée par un prisme donne un spectre composé de trois *parties* successivement rangées, et qui sont (en partant de la basse région des rayons les moins réfrangibles, et remontant), la *sous-obscure* formée des rayons invisibles *ultra-rouges*, la *lumineuse* formée des sept rayons *colorés*, et la *sus-obscure* formée des rayons invisibles *ultra-violets*. De ces trois parties du spectre entier, l'une ou la moyenne est *lumineuse* comme la *lumière*, et réalise de la sorte avec elle la pleine identité de sujet à objet; les deux autres, au contraire, n'étant plus lumineuses mais *obscures*, contrastent avec la lumière, sans cesser pour cela de s'y rattacher comme en étant deux modes accidentels, et, par suite de cette imparfaite corrélation, elles descendent au rang subalterne d'identité restreinte ou partielle. Ainsi, dans les trois genres de manifestation objective d'un être, un seul genre lui est *essentiellement* personnel, et les deux autres lui conviennent seulement *par accident*.

Dans l'exemple que nous venons de citer, où la lumière figure l'Intellect, les trois parties *sous-obscure*, *lumineuse* et *sus-obscure* du spectre représentent les trois modes objectifs d'application intellectuelle appelés *instinct*, *raison* et *goût* (moral) ; et, là, la raison est le mode objectif *essentiel* de l'Intellect ; l'instinct et le goût (moral) en sont les deux modes *accidentels*. D'ailleurs, ces deux derniers modes diffèrent encore entre eux comme les deux parties extrêmes *sous-obscure* et *sus-obscure* du spectre, diffèrent l'une de l'autre. Il nous est impossible ici d'expliquer en menus détails ce rapport; nous ferons seulement remarquer : d'abord, que la *raison* occupe toujours, comme bande *lumineuse*, la place moyenne entre l'*instinct* et le *goût*, comme bandes *obscures* ; et puis, que, l'*instinct* précédant la *raison* comme le *goût* la suit, l'*instinct* est du même coup antérieur de deux degrés à ce dernier. Il est évident que, en nous, l'instinct précède la raison, car l'enfant qui suce la mamelle de sa nourrice agit bien certainement sous la seule motion de l'instinct. On sait également que, en nous, le goût ne se développe que proportionnellement au degré de culture intellectuelle atteint. Mais, d'autre part, les jugements de l'instinct aussi bien que ceux du goût ne sont jamais, en nous, logiquement analysables. Donc l'instinct et le goût correspondent aux deux parties obscures de notre intelligence, et la raison en est la partie lumineuse [1].

Cependant, quoique nous ne puissions indiquer ici toutes les ressemblances et différences imaginables entre l'instinct et le goût, nous devons en faire ressortir deux, actuellement trop importantes pour être passées sous silence. De

---

[1] Cette conséquence doit être ici soigneusement remarquée. Car, également applicable aux trois puissances radicales, elle prouve que le Sens, l'Intellect et l'Esprit *absolus* sont des *moyennes* réalisant à ce titre l'identité — du *sujet* et de l'*objet*, — ou de la *puissance* ou de l'*acte*, — ou du *nécessaire* et du *libre*, — et peuvent ainsi briller perpétuellement comme des *étoiles* fixes dans le firmament rationnel. Toutes les autres puissances, n'offrant point ce caractère immanent absolu, n'y sont que des météores accidentels.

ce que d'abord, convenablement analysées, la lumière *sous-obscure* et la lumière *sus-obscure* du spectre diffèrent entre elles comme *amplitude rayonnante* et *vitesse angulaire*, le rapport de l'instinct et du goût (moral) à ces deux genres de lumières extrêmes exige que nous concevions l'instinct appliqué sous forme de *rayon*, et le goût (moral) sous forme d'*arc*. Il est clair, ensuite, que l'Intellect se mouvant dans une direction *rectiligne* peut très-bien la parcourir *instantanément* tout entière jusqu'au bout; mais que, lorsqu'il se meut au contraire *angulairement*, il exige une série de mouvements proportionnelle au rapport entre l'arc décrit et l'unité de vitesse angulaire qui s'en distingue évidemment, d'où il suit que ce dernier mouvement n'est plus spontané comme le précédent, mais *temporel* : donc les applications longitudinales de l'instinct sont *simultanées*, et les applications transversales du goût (moral) sont *successives*. En conséquence, comme rien n'empêche de concevoir l'instinct et le goût concourants, leurs applications se coupent comme les deux bâtons d'une croix dont le pied serait au centre des

forces, et ressemblent à deux lignes entrecroisées,
dont naturellement la longitudinale est la plus
longue, mais dont le parcours se fait aussi tout
autrement ; car, conformément à ce qui vient
d'être dit, ainsi qu'à la définition de l'être comme
identité de l'imaginaire et du réel, la branche
longitudinale, *imaginairement successive* seulement, est *réellement simultanée* quand, de son
côté, la branche tranversale, *imaginairement simultanée* seulement à son tour, est *réellement
successive.*

Remarquons maintenant que, en raison de la
distinction radicale entre imaginaire et réel, la
bissection des fonctions qu'elle implique doit se
faire vivement sentir jusqu'au sein de chacune
des deux forces formelles appelées instinct et
goût (moral), et par conséquent y constituer en
chacune deux sortes d'exercices distincts, qu'on
peut alors associer à part, en prenant, par exemple, chez l'une, le *réellement simultané*, pour
l'unir à l'*imaginairement simultané* de l'autre;
ou bien encore, chez la première, l'*imaginairement successif*, pour l'unir au réellement successif de la seconde ; ce qui nous donne deux

classes d'êtres rationnels, les uns tout simultanés comme l'*ange*, et les autres tout successifs comme l'*homme*. Et tandis que, d'une part, les uns et les autres se bifurquent en deux espèces, ils ne laissent point encore, d'autre part, de se réunir sous un seul et même genre commun absolu : l'Intellect radical.

Conçus toujours (comme il convient) rectangulairement superposés, l'imaginaire et le réel *simultanés* forment une croix, et l'imaginaire et le réel *successifs* en forment une autre ; mais, ainsi qu'on le conçoit encore aisément, les deux systèmes sont susceptibles d'une nouvelle superposition et peuvent former *une* croix *double*. Ce dernier système une fois construit et pris pour type, imaginons la *Raison* absolue s'interposant en manière de *résultante* entre deux des bras de la croix, et disposée d'ailleurs dans un plan tel que le *plan d'incidence* en polarisation : les deux bras seront alors censés placés à $\pm$ 45° d'une ou d'autre part, et figurables par cosinus et sinus ; en outre, l'activité présupposée ne jamais se ralentir, effectuera constamment un mouvement tournant indéfini, dont l'instantanée re-

présentation offrira l'image d'un cercle ou même
d'une sphère ; et cette sphère, vue dans l'Intellect, sera réelle quand, non vue dans le Sens,
elle ne sera, pour ce dernier, qu'imaginaire. Mais
ce n'est pas tout : qu'est-ce qui nous empêche de
détruire par la pensée l'édifice imaginairement
réel que nous venons de construire ? Réduisons
donc la sphère objective à ses éléments essentiels présupposés non tournants, qui seront le
cosinus, le *sinus* et l'*axe* érigé sur leur plan :
ces trois lignes, imaginairement terminées par
des plans fictifs, nous suggéreront encore la représentation de cubes variés en proportion de
l'égale variation des mêmes lignes ; et de cette
manière nous aurons désormais le choix entre le
double mode *universel* de représentation par
sphéroïde ou par *cube*, suivant qu'il nous sera
donné de nous placer à l'un ou l'autre des deux
points de vue d'immanence ou de variation de
l'Intellect et de l'Esprit. De prime abord le
Sens, radicalement neutre, n'en représente aucun ; mais, dès qu'il veut se poser au dehors et
devient créateur, il les entremêle nécessairement;
et, s'il tient alors plus de l'Intellect que de l'Es-

prit, il réalise le monde *angélique* simultanément dispersé dans l'espace ; s'il tient plus de
l'Esprit que de l'Intellect, il réalise le monde
humain dont l'activité préalablement concentrée
n'a, faute d'espace pleinement libre, que la suite
indéfinie du temps pour s'épanouir.

4. D'après cela, supposant que le Sens veuille
réellement se poser au dehors ou devenir créateur, on conçoit qu'il n'a ni *formes objectives*
à créer ni *mouvements réels* à produire, puisque
toutes les formes et tous les mouvements possibles préexistent *objectivement* dans l'Intellect ou
dans l'Esprit, mais qu'il a seulement à relier
comme il lui conviendra tel mouvement à telle
forme, ou telle *forme* à tel *mouvement* ; en quoi
seulement il fonctionne comme vrai promoteur
ou créateur. Car, n'existant encore par hypothèse qu'en l'Intellect, les premières formes sont
purement *imaginaires* ; et, n'existant de même
qu'en l'Esprit, les premiers mouvements sont
purement *tendantiels*, et par là même fictifs encore. Au contraire, une fois passées dans le
Sens, les premières formes sont devenues *réelles*;

et les premiers mouvements sont devenus *actuels*. Le Sens seul institue donc, par la réunion du subjectif à l'objectif, le *réel*, et, par la réunion de l'objectif au subjectif, l'*actuel* ; il crée, par cela seul qu'il agit ; et l'effet de son action est la production, là, d'*idées réelles* telles que les créatures *angéliques*; ici, de *tendances actuelles* telles que les créatures *humaines*. Les idées réelles ou les anges interviennent en *superfétation* dans l'Intellect divin; les tendances actuelles ou les hommes interviennent en superfétation dans l'Esprit divin ; et, dans les deux cas, cette superfétation est l'effet ou le résultat de l'inclinaison à $\pm\,45°$ du Sens rationnel rayonnant entre les deux directions rectangulaires de l'Intellect instinctif et de l'Esprit moral.

Évidemment, autant le Sens rationnel admet d'*actes distincts* d'inclinaison, autant il réalise d'*êtres individuels* dans les deux ordres de créations *angélique* et *humaine*; et comme, d'un autre côté, les deux créations *angélique* et *humaine* sont (au degré près : par prééminence de l'Intellect instinctif sur l'Esprit moral, ou réciproquement) formées sur le même type, si nous

voulons arriver plus tard à les distinguer, nous
devrons reprendre en expresse considération cette
même différence de degrés, dont nous avions dû,
pour nous placer au point de vue de la similitude,
faire préalablement abstraction. Ou les individualités angéliques et humaines sont donc assimilées,
ou elles sont différenciées. Assimilées par hypothèse, elles restent à différencier; préalablement
différenciées, elles doivent être assimilées: donc
tous êtres individuels sont susceptibles d'être envisagés sous deux aspects ou pris dans les deux
sens *particulier* et *général*. Et, sont-ils d'abord
généralement envisagés, on les particularise ensuite; sont-ils plus tôt particularisés, on les géné-
ralise. Supposons-les d'abord particularisés: nous
aurons déjà des anges d'un côté, des hommes
de l'autre; et, puisque nulle confusion n'est plus
à craindre, nous pourrons désormais appliquer
les *mêmes modes formels* de groupement aux
deux espèces. Au contraire, supposons-les d'a-
bord généralisés: nous aurons déjà les anges
et les hommes formellement assimilés; nous
devrons donc les différencier, et pour cela
remettre en œuvre la différence d'espèce négli-

gée jusqu'alors. Nous distinguerons en conséquence trois sortes d'individualités, à savoir :
les *relatives*, divisibles en *objectives* et *subjectives*, et (par opposition à ces deux premières
classes) les *absolues*. Sont individualités *objectives* tous êtres objectifs envisagés au for externe ;
sont individualités *subjectives* tous êtres subjec-
tifs envisagés au for interne ; sont individualités
absolues tous êtres individuels abstractivement
envisagés sans rapport exclusif avec les deux fors
externe, interne. Ces derniers êtres individuels
sont forcément réduits à trois et s'appellent *Sens,
Intellect, Esprit*, en général et en particulier.
Mais, comme nous l'avons déjà dit, ils peuvent,
par superfétation, se recouvrir de *déterminations
habituelles* tournant au *réel* dans l'Intellect et à
l'*actuel* dans l'Esprit, d'où résultent les deux
mondes relatifs angélique et humain, jusqu'à ce
que, recueillant ces deux spécialités dans un
nouveau genre d'unité dérivée, seulement sub-
sistante aux yeux du Sens externe à produits
tout artificiels, nous instituions du même coup
le monde phémonémique inférieur qu'on appelle
en terre *Règne de là nature*, et qui se divise

subsidiairement en règnes *minéral*, *végétal* et *animal*.

Ce que nous venons de dire resterait peut-être assez obscur et confus, si nous n'avions le moyen de le rendre immédiatement plus clair et plus explicite par la mise en saillie des idées caractéristiques des différentes sortes d'êtres individuels. Partons ici de ce principe, que tous les êtres sont, en eux-mêmes, des *positions*. A ce titre, ils sont tous posés ; mais comment le sont-ils ? S'ils le sont purement et simplement, quels qu'ils puissent être d'ailleurs, la position en est *unitaire*. S'ils le sont avec égard à ce qu'ils sont ou peuvent être deux à deux, par exemple, comme l'un *actif* et l'autre *passif*, et réciproquement, la position en est *binaire*. S'ils le sont avec égard à ce qu'ils sont ou peuvent être trois à trois, comme *actifs*, *passifs* et *neutres*, la position en est *ternaire*. Il est inutile d'avancer plus loin dans cette voie, car, bien que la position *quaternaire* soit encore possible, il est clair que le ralliement de la position ternaire à l'unitaire suffit à la constituer (tous sels réalisant une unité nouvelle assimilable à l'absolu d'où l'on est parti).

Donc les modes de positions *unitaire, binaire*
et *ternaire* résument bien tous les modes de
position absolue possibles. Donc tous les êtres
individuels sont bien et dûment connus au moment où l'on en peut assigner clairement la position respective unitaire, binaire et ternaire.
Nous n'avons donc désormais qu'à les étudier
sous ces trois points de vue consécutifs.

5. Tout être envisagé dans le système *unitaire* et pris cependant individuellement quoique
général, est *universel* et *un* tout à la fois ; car,
dans son indépendance actuelle (sinon radicale)
de tous les autres êtres actuels ou possibles,
imaginaires à son égard, il a l'espace entier
pour auréole, et subsiste à ses propres yeux
comme s'il était, ou seul dans l'Univers, ou seul
tout l'Univers. Considéré sous cet aspect, il est
figurable par la forme absolue : $1 = \frac{\infty}{1} \times \frac{1}{\infty} = \frac{1}{1}$.

Heureusement ou malheureusement (peu
importe ici toutefois ce jugement esthétique),
cette primitive universalité des êtres réels n'est
qu'*imaginaire*, comme celle de l'unité comparée

à l'*infini* ou à *zéro*, qu'on sait être un infiniment petit dans le premier cas et un infiniment grand dans le second. Un être existant par hypothèse seul en un certain moment rationnel (à l'instar du divin Créateur de tous les êtres accidentels), serait sans contredit infiniment grand en principe par rapport à ces derniers; mais, comme ces derniers ne sont point censés exister et qu'il est un, sa grandeur réelle resterait forcément implicite ou bien imaginaire. Cependant, puisque sa grandeur première serait ainsi purement imaginaire, il lui serait clairement loisible de profiter de sa simplicité pour se prendre encore imaginairement (au point de vue du dehors et sous forme additive) une fois, deux fois, un nombre indéfini ou infini de fois : il serait donc, aussi bien que *subjectivement* infiniment grand, *objectivement* infiniment petit; ou bien il serait tout à la fois, un d'abord, et infiniment grand ou infiniment petit ensuite ; ce qui nous ramène à la formule : $1 = \frac{\infty}{1} \times \frac{1}{\infty} = \frac{1}{1}$.

De là, cette défiintion de l'Être absolu *radical*, et même (à certains égards) *accidentel* : il est, sous forme rationnelle, le rapport unitaire égal au produit de l'infiniment grand par l'infiniment petit, et comme un abrégé de l'Univers.

Il est maintenant évident que, si l'on veut partir de l'un absolu radical pour en déduire tous les possibles, il y a deux voies à prendre, qui sont, l'une, de s'attacher à sa première face de grandeur infinie pour en dériver régressivement tous les être finis à degrés descendants, et l'autre, de s'attaquer à sa seconde face de petitesse infinie pour en faire l'élément progressif de tous les êtres finis croissants. Conservons-lui dans ce second cas le nom d'*élément*, et donnons-lui dans le premier cas le nom de *puissance* libre, complète, absolue Quand il n'est encore par hypothèse qu'*élément,* mais élément progressif et multipliable, une nouvelle détermination est excellemment propre à désigner son caractère d'alors: c'est celle d'*acte initial*. Quand, au contraire, il est une grandeur toute faite et par conséquent seulement susceptible de diminution ou restriction, il est une *puissance personnelle,* d'ordre supérieur si elle est *créatrice,* d'ordre moyen si elle est *formatrice,* et d'ordre infé-

rieur si elle est seulement *motrice* ; mais comme,
malgré cette différence de degrés, elle est toujours censée prendre l'initiative de ses actes,
elle s'appelle d'un nom commun, *liberté*. N'importe, alors, qu'il s'agisse d'être infinis ou finis :
tous sont, *élémentairement*, des *actes réels*, et,
potentiellement, des *agents personnels ou libres*.

6. Dès ce moment, les êtres nous apparaissent
sous le double aspect d'*actes* élémentaires ou de
puissances actives. Essayons de les mieux caractériser sous ces deux faces. D'abord, tout
acte, comme acte, est *interne* ou *externe*. Comme *interne*, il se triple, et devient *créateur*,
formateur, *moteur*. Il est *créateur*, quand il
institue tout à la fois sous forme de réalité *concrète*, par prédominance de son premier effet,
fond, *forme* et *mouvement* ; il est *formateur*,
quand il institue seulement, mais, toujours avec
prédominance de son premier effet, *forme* et
mouvement ; il est *moteur*, quand, plus réduit
encore, il se borne à produire des déplacements
d'ensembles ou d'éléments. Comme *externe*,
l'acte ne se triple plus, mais se double pourtant ;

car il peut être encore *formateur* et *moteur*. Il est *formateur*, par exemple, chez le sculpteur qui donne au marbre brut une forme humaine ; il est *moteur*, par exemple, dans la bille qui choque une autre bille et lui communique ainsi le mouvement qu'elle a déjà reçu. Un acte externe ne possède jamais qu'une initiative apparente ou secondaire. Un acte interne peut être primaire, secondaire ou tertiaire, mais toujours au moins a-t-il l'initiative réelle ou vraie de ses actes respectifs. Ainsi, l'Esprit radical est vraiment le générateur de tous les mouvements distincts ; l'Intellect radical est vraiment le générateur de toutes les formes spéciales ; et le Sens radical est vraiment le générateur de toutes les origines, étant lui-même sans origine ou principe.

En second lieu, la *puissance*, comme *puissance*, est de nouveau *interne* ou *externe*. Comme *interne*, elle est subjectivement triple et s'appelle Sens, Intellect, Esprit. Imaginairement ou dans le ressort des idées pures, ces trois puissances s'équivalent en toutes choses ; mais, dès qu'on veut sortir de la théorie, de l'utopie, cette première égalité n'existe plus ; car, alors,

la première apparue réunit seule en soi les trois
pouvoirs créateur, formateur et moteur; la seconde apparue, dépourvue du pouvoir créateur,
réunit en sa main les deux pouvoirs formateur et
moteur; et la dernière apparue, dépouillée des
deux pouvoirs créateur et formateur, est réduite
à la faculté locomobile ou motrice. Il semblerait,
d'après cela, que les deux dernières puissances,
plus ou moins éclipsées par leur aînée (la sensible), ne devraient jamais trouver l'occasion de
se relever de ce vasselage originaire et d'acquérir à leur tour sur leur devancière une position
hautement prépondérante; et cependant cette
occasion existe: elles prévalent très-bien, chacune, à leur tour; et pour le démontrer ici parfaitement à l'égard de la seconde ou de l'intellectuelle, plus voisine par son rang de la sensible,
nous ferons remarquer que, obligée de reconnaître l'absolue prééminence de la sensible dans
le ressort *interne*, l'intellectuelle prend sa re-
vanche dans le ressort *externe*, où rien ne peut,
de prime abord, limiter son action. Sans doute,
les produits bruts de la puissance sensible ne
dépendent originairement que de cette puissance

même ; mais ces produits bruts, à peine les a-t-elle une fois réalisés par hypothèse, qu'ils échappent entièrement à sa manipulation et passent aux mains de l'Intellect, alors libre de les lancer aussi loin qu'il lui plaît, ainsi que dans la direction et avec la vitesse voulues. Bien plus, l'Intellect exerce cette influence sur eux avant même que le Sens les produise. Il est vrai que l'Intellect n'agit point à proprement parler ; il imagine ou représente seulement en sa pensée quels sont ou peuvent être les produits bruts du Sens objectivement réalisables. Le Sens, accédant alors (sous la motion de l'Esprit) aux projets de l'Intellect, en décide et opère librement la réalisation ; mais toujours est-il vrai de dire qu'il ne met dans ses actes que le degré d'énergie préalablement déjà déterminé par l'Intellect ; c'est pourquoi, si l'Intellect n'est point le vrai poseur des actes sensibles, il en est au moins le vrai promoteur et le régulateur universel. Ainsi, par exemple, tous les actes sont justement à la place où nous les voyons, non-seulement parce que le Sens radical les y a placés, mais encore parce que l'Intellect radical avait désigné d'avance au

Sens pour chacun d'eux cette place. De même, si les hommes coexistent ou se succèdent dans leur ordre actuel, ils sont ainsi rangés, non-seulement par la libre volonté du Sens radical, mais encore par ou sous l'influence efficace de l'Intellect radical, suprême organisateur du monde externe. Le Sens est créateur unique; l'Intellect est discréteur ou directeur exclusif.

Comme, *externe*, la puissance est *intensive* ou *extensive*. Nous arriverons à le démontrer en la considérant préalablement sous les deux aspects *élémentaire* et *quantitatif* dont nous avons déjà fait l'application à l'unité (§ 5). Soit pris ici pour exemple l'Homme, être personnel du premier degré, que nous définirons en conséquence une *identité de sujet et d'objet*. Ainsi considéré dès le premier instant de sa conception comme *absolu*, l'Homme entre bientôt en contact avec le monde extérieur et fait ou subit par là même une série d'actes *relatifs* qui, s'ajoutant ou s'accumulant tous en l'Absolu radical, y constituent une masse croissante correspondant à ce que nous appelons le *corps* humain. Ces actes relatifs ainsi réunis forment une grandeur sensible offrant les trois dimensions de l'espace : longueur, largeur et épaisseur. L'Homme est donc, sous ce rapport et pour le *dehors*, une grandeur, mais une grandeur *subjective*, car le support de cette grandeur est le sujet sensible. Cependant, le même être peut encore, élémentairement envisagé, faire partie de nouveaux ensembles, tels que la famille, l'État, l'Église, dans lesquels il ne grossit plus, mais sert seulement au grossissement des ensembles par son addition à d'autres êtres analogues : la nouvelle grandeur ainsi construite est donc simplement *objective* et formelle. Une grandeur toute *subjective* implique maintenant une puissance subjectivement développable et par conséquent *intensive*, et une grandeur tout *objective* implique une puissance objectivement développable et par conséquent *extensive*. Donc la première grandeur est une intensité, comme la seconde une extension ; et par suite la puissance est, en exercice externe, *intensive* ou *extensive*.

7. Après ces distinctions, dont l'importance est très-considérable, revenons sur les deux sortes

d'activités réelles *angélique* et *humaine*. Ces deux
sortes d'activités sont d'abord également *absolues*. Mais l'une, ou l'humaine, entrant comme
élément en une série d'actes *relatifs* superposés, en contracte l'aspect d'une grandeur croissante, qui cependant ne la déborde pas, mais
reste comprise dans son sein, comme si le noyau
seul en grossissait : cette grandeur, *subjective*
en principe, reste donc foncièrement (sinon à
tous égards) interne, et ne se manifeste alors,
objectivement, que par ses *effets*, comme *virtuelle*, ou par ses *degrés*, comme *formelle*, ou
par sa *densité*, comme *sensible*. Au contraire,
l'autre activité, dite angélique, s'imposant ou
s'étalant dès le début comme *grandeur*, doit
par là même incessamment décroître — au lieu
de croître — en exercice externe : sous ce rapport,
plus elle évolue, plus elle se divise ou se dé-
membre, à l'instar de l'être qui devient successivement partie d'ensembles de plus en plus
grands, et dans lesquels sa personnalité semble
finalement, à force de réductions, s'évanouir,
comme lorsqu'on entre de la famille en l'État, ou
de l'État en l'Église universelle. C'est pourquoi

le subjectif apparaît en dernière analyse sacrifié totalement à l'objectif. Ainsi, l'Homme, d'abord en apparence petit, devient grand, et l'Ange, d'abord grand, devient petit; et la raison en est que l'Ange est originairement une extension, comme l'Homme une intensité.

Les deux caractères différentiels de l'ange et de l'homme constitués par l'extension et l'intensité sont, maintenant, deux points de vue *relatifs*, qui s'évanouissent naturellement dans ou devant l'*absolu*. Ces deux êtres sont d'ailleurs, originairement, autant absolus l'un que l'autre ; et, sous ce rapport, l'espace dans lequel ils sont contenus est peuplé d'absolus ; le temps dans lequel leur exercice se déroule est également parsemé d'absolus. Or, cet espace et ce temps sont justement le produit objectif ou le *Royaume de l'Idée*. Puisque tous ces *absolus* subsistent sur ce fond commun, ils y subsistent donc comme simples actualités *discrètes*, isolées et localisées même en quelque sorte, en présence de l'Idée suprême ou générale les embrassant et contenant tous en son immense sphère. Tout d'abord issus du Sens comme il a été dit, ils n'en ont pas moins pour dispositeur souverain et perpétuel l'Intellect, qui trouve ainsi de nouveau, dans son *extension* respective, un exact équivalent au subit déploiement spontané d'*intensité* sensible radicale.

8. Nous venons de montrer les êtres *absolus* identifiables à des productions *discrètes* de l'Intellect divin, peuplant l'espace et le temps de relations réelles, moyennant le concours indispensable du Sens radical, seul principe fécondant de ses formes inertes ; il s'agit actuellement de montrer ces mêmes êtres absolus étalés en ces mêmes relations *simultanées* et *successives*, ou *spatiales* et *temporelles*. Il est d'abord manifeste que chacun d'eux peut entrer en relation avec un nombre quelconque d'autres êtres à lui pareils ; mais, quel que soit le nombre de ces derniers, ses relations avec eux sont aussi discrètes qu'eux-mêmes, et par conséquent *elles sont constamment* (réduction faite) *d'un à un ou binaires*. Donc le mode de relation *binaire* est la base réelle de toutes les relations ultérieurement possibles encore, et n'intervenant ainsi que comme formelles en leur genre.

Toutes relations binaires sont, généralement, *inverses et réciproques*; mais elles sont aussi, spécialement, *spatiales* ou *temporelles*. Entre êtres *spatialement* unis, les relations inverses et réciproques, conditionnées par de simples différences intelligibles ou rationnelles, s'effectuent en même temps des deux côtés. Entre êtres *temporellement* corrélatifs, l'exercice relatif est censé commencer et se poursuivre isolément d'un seul côté, dans l'attente ou l'espérance de sa reprise et continuation de l'autre. Un parfait exemple des relations *spatiales* ou *simultanées* nous est offert dans les relations de *sexe*; et les relations *temporelles* ou *successives* nous sont également bien représentées dans les relations d'*âge*. Aussi notre unique ou du moins principale occupation doit-elle être ici de ramener toutes les autres relations binaires à ces deux-là.

9. Dans les explications déjà données sur les êtres du système *unitaire*, l'essentiel était de tenir constamment pour implicites ou fictives toutes les distinctions introduites en l'*acte* ou la *puissance*, afin de ne pas voir s'évanouir indû-

ment, en elles trop fortement accentuées, le caractère *absolu*, réellement un, des êtres appartenant à ce système. C'est pour cela que d'abord nous les avons, tous, représentés par la formule générale : $1 = \frac{1}{1}$. Maintenant, à cette formule générale, nous devons en substituer une autre toute spéciale, représentant les êtres, non plus comme explicitement *absolus*, mais (quoique explicitement absolus toujours, pour ainsi dire, *en arrière*) comme explicitement *relatifs* en avant, et pour cela, d'abord, comme dédoublés sous la forme de facteurs $= \frac{1}{2}$, puis, comme redoublés sous la forme de facteurs $= \frac{2}{1}$; après quoi, réunissant les formules en une seule, nous avons l'expression complète $1 = \frac{2}{1} \times \frac{1}{2} = \frac{2}{2}$, où l'on voit d'inspection le *relatif* substitué, mais équivalant à l'*absolu*.

De plus, dans le système *unitaire*, tout composé d'êtres individuels, nous avons reconnu le *royaume de l'idée*. Maintenant, sans sortir pour cela de ce royaume, mais pour en étendre la

notion et la rendre même intuitive, nous pren-
drons en considération le *ministère des vitesses*
(§ 2) qui lui fait suite, et nous porterons pour
cela notre attention sur les formules du *relatif*,
d'où nous en déduirons la connaissance. Certainement, l'idée de *vitesse* est finalement réduc-
tible à celle même de *variation,* qu'elle sert seulement[1] à déterminer comme restant *abstraite*
en présence des autres espèces de variations
possibles, telles que la *concrète* (où il y a changement de fond) et la *formelle* (où il y a changement de volume),.... et par *vitesse* il faut donc
entendre une variation de *degré* dans la marche
d'un événement, tant subjectif qu'objectif. Or,
on sait que toute vitesse ainsi comprise se divise
en *uniforme, uniformément variée* et *diversement variée.* Généralement, la vitesse *uniforme*
se retrouve dans le mouvement *circulaire*,
comme l'*uniformément variée* dans le mouvement *elliptique,* et la *diversement variée* dans
le mouvement *hyperbolique.* Mais, en se rappe-
lant ici que le mouvement *parabolique* implique
dans l'invariabilité du paramètre une constance
absolue bien capable de le rallier sous ce rap-

port au *circulaire*, on peut aller d'un seul coup
beaucoup plus loin, et commencer d'entrevoir
que les trois mouvements *hyperbolique, parabolique* et *circulaire* doivent se trouver plus ou
moins ostensiblement réunis dans le seul mou-
vement *elliptique*, sous sa forme connue $\Omega = \frac{2C}{R^2}$
(2e série, no 10, § 14), d'où il suit que ce der-
nier mouvement est le fait ou le phénomène objectif par excellence.

Conformément à la théorie générale que tout
est dans tout, nous admettons ici que nul mouvement accompli dans les conditions des quatre
sections coniques n'existe sans être explicitement
ou implicitement accompagné des trois autres,
et dans la démonstration de cette thèse il importe de ne pas perdre de vue la distinction des
mêmes mouvements en *apparents ou latents*, qui
peut, seule, expliquer comment, tous coexistant
en réalité, tous ne sont point cependant observables à la fois. Dans un édifice quelconque, il y
a, comme l'on sait, des parties visibles et des
parties cachées ; et les parties invisibles ne sont
point inutiles pour cela, car elles servent de

fond ou de soutènement aux apparentes. Il en est absolument de même entre les mouvements tous associés dans l'elliptique, mais nul n'y fonctionnant de la même manière, en raison du caractère de la puissance spécialement en jeu dans les différentes rencontres. Les puissances radicales étant au nombre de trois, spécialement, l'une sensible, l'autre intellectuelle et la troisième spirituelle, il suit de là qu'il doit exister aussi trois classes de mouvements respectivement constitués comme ou *sensibles*, ou *intellectuels*, ou *spirituels*. D'après ce que nous disions tout à l'heure, ces trois classes de mouvements doivent trouver distinctement leur représentation dans la formule de l'ellipse $\Omega = \dfrac{2C}{R^2}$; mais il n'est pas nécessaire pour cela que les deux facteurs du second membre y soient pris constamment en considération ; au contraire, il faut supposer que, l'un de ces facteurs devenant spécialement saillant, l'autre s'obscurcit ou cesse d'apparaître pour permettre la concentration de toute l'attention actuelle sur le premier, en quoi la note d'obscurcissement n'est point évidemment synonyme d'enlèvement absolu.

Cela posé, reprenons la formule de l'ellipse $\Omega = \frac{2C}{R^2}$, et disons comment les trois classes de mouvements *sensibles*, *intellectuels* et *spirituels* s'y trouvent spécialement représentées. Là, les mouvements *sensibles* sont représentés par le jeu distinct du facteur $\frac{1}{R^2}$; les mouvements *intellectuels* le sont par le jeu séparé du facteur $2C$; enfin, les mouvements *spirituels* s'objectivent dans le rapport isolé Ω des mêmes facteurs, dont les variations ne s'écartent pas beaucoup en général d'une moyenne telle que l'implique toujours alors le mouvement circulaire concomitant, au moins implicite. On regarde peut-être déjà comme très-difficile ou très-compliquée la preuve de ces différentes assertions; et pourtant rien n'est plus simple.

D'abord, pour annuler un facteur quelconque sans l'enlever tout à fait, il est notoirement nécessaire et suffisant de le mettre ou concevoir sous la forme 1°. Mettant sous cette forme le numérateur du second membre de l'équation $\Omega = \frac{2C}{R^2}$, on a de suite $\Omega = \frac{(2C)^0}{R^2} = \frac{1^0}{R^2}$.

Mais par là doivent être représentés, avons-nous dit, tous les mouvements *sensibles* spéciaux, réduits en ensembles binaires ou couples; comment cela se peut-il faire? Cela se fait tout simplement en déterminant dans ce sens le dénominateur R^2, ici seul influent d'une manière sensible. En effet, R^2 est là (sinon à tous égards, du moins *à un certain point de vue*[1]) l'expres-

---

[1] Nous devons nous expliquer sur ce *certain point de vue* dont nous voulons parler; mais, comme le plan de cet écrit ne comporte point de grandes explications à ce sujet, nous nous bornerons aux réflexions suivantes:

Il y a deux points de vue: *l'angélique* et *l'humain*. L'angélique envisage tout par manière de plans ou de surfaces; et, dans une figure ellipsoïdale décrite par cosinus et sinus, l'ange aperçoit *visuellement* ou contemple la figure entière avec l'inégalité des deux axes, mais il n'aperçoit point *sensiblement* ou ne ressent point les mouvements correspondant aux variations intrinsèques du cosinus et du sinus. Il résulte de là que, comme intelligent, cet être représente synthétiquement un fait dont l'analyse sensible lui fait défaut; et ce défaut provient, par exemple, de ce qu'il use d'Unités de mesure si grandes qu'il ne saurait par leur moyen apprécier des vitesses trop rapides pour devenir distinctes à ses yeux. Au contraire, et par une raison inverse, l'homme, usant d'Unités de mesure beaucoup plus petites, ne peut se figurer autrement qu'abstractivement ou

sion élevée au carré d'une variation ; et cette variation, comme réelle, doit être *sensiblement* observable. Or l'intégrale connue de la variation

par sa seule imagination les grandes formes de représentation angélique telles que l'ellipsoïde de l'orbite terrestre ; mais il doit par là même être en état de percevoir les mouvements analogues à ceux du cosinus et du sinus variant en manière de mobiles tour à tour ascendants ou descendants, ou décrivant de véritables oscillations. Ainsi, soit $R = H = \frac{1}{2} g T^2$.

L'ange, observant cette donnée, la verra, moyennant qu'elle soit une grandeur dans le genre du rayon vecteur de l'orbite terrestre ; mais il n'en apercevra point les détails, comme le fera l'homme, pour lequel elle sera réduite à l'amplitude d'oscillation d'un pendule ordinaire, soumise à son appréciation analytique directe. Cependant, en valeur absolue, les deux valeurs R et H sont égales, si l'ange perçoit *visuellement* en extension ce que l'homme ressent *physiquement* en intensité. Donc R peut être censé contenir extensivement ce que contient intensivement la valeur $H = \frac{1}{2} g T^2$. Donc, nous pouvons remplacer R^2 par H^2, et même n'envisager, abstraction faite du carré, que le facteur simple $H = \frac{1}{2} g T^2$.

Mais alors, nous dira-t-on, si vous transformez analytiquement le facteur en dénominateur, R^2, pourquoi ne transformez-vous point semblablement le facteur en numérateur, 2C ? Cette raison qu'on nous demanderait, la voici. L'ange, ne voyant que des figures immanentes ou tendantielles, n'a

est; dans ce cas, $\frac{1}{2}gT^2$. Posant alors cette dernière expression avec le double signe, pour marquer les allées et venues servant à rendre les contrastes saillants, on a dans $\frac{1^o}{R^2} = \frac{1^o}{[\pm \frac{1}{2}gT^2]^2}$ la représentation d'un mouvement *oscillatoire*, distinct en une foule de cas, mais présentement indistinct comme inclus sous forme elliptique apparente.

Puis, posant sous la forme 1o le dénominateur

point la conscience *sensible* des mouvements oscillatoires humains, composés d'allées et de venues distinctes ; et, dans les figures elliptiques qu'il aperçoit *visuellement*, il aperçoit de simples phénomènes de dilatation et de contraction corrélatives, sans remonter à leurs conditions intrinsèques d'intensité. L'homme, au contraire, très-capable de percevoir *sensiblement* ces conditions d'intensité, reste incapable d'apercevoir visuellement ou d'un seul regard l'effet d'ensemble. Mais cet effet d'ensemble est bien alors, pour lui (puisqu'il est intelligent à sa manière), susceptible de représentation au moins abstraite ou géométrique. Donc, il y a toujours concordance ou coïncidence entre la représentation *abstraite* humaine et la représentation *visuelle* angélique. Donc, prenant absolument les deux représentations, nous pouvons les employer l'une pour l'autre et préférer ou conserver la plus commode.

4

de la formule entière, nous avons l'équation
$\Omega = \frac{2C}{1^o} = 2C$, c'est-à-dire, le double de
l'aire décrite dans l'unité de temps. Le coefficient
2 de l'aire unitaire est introduit là par une
raison inverse à celle qui l'a naguère fait entrer
dans l'expression du mouvement oscillatoire
précédent. Dans le cas du système *binaire* où
nous nous trouvons actuellement, lorsque l'une
des deux activités concourantes s'exerce en plus
sous la forme positive $+ \frac{1}{2} gT^2$, l'autre activité
s'exerce en moins sous la forme $- \frac{1}{2} gT^2$; ou
réciproquement. Mais alors, chacune des deux
activités concourantes pratique ou subit, en
valeur absolue, deux fois le même exercice
relatif ; et pour représenter en valeur absolue
la *somme* de son devenir, nous pouvons poser
pour chacune, sans égard au signe, l'effet total
gT^2, dans lequel *actif* et *passif* s'entremêlent ou
se confondent. La même chose est censée maintenant arriver dans le numérateur 2C ; car, en
supposant que l'une des deux activités concourantes soit *activement* égale à $+ C$, comme

aire *positive* prise dans le premier quadrant, elle est aussi *passivement* alors égale à — C, comme aire *négative* prise dans le troisième quadrant; et si l'on prend à la fois, sans égard au signe, les deux valeurs égales, on a l'effet total 2C composé de l'actif et du passif réunis dans la même puïssance.

Ayant dû tout à l'heure, en la puissance partielle *intensive* $\frac{1}{2} g$ T^2, enlever le facteur numérique $\frac{1}{2}$ pour obtenir la puissance entière ou l'effet total g T^2, nous devons donc de nouveau, pour maintenir entre les deux cas l'égalité, doubler la puissance partielle *extensive* C du numérateur, en la multipliant par 2 ou l'égalant à 2 C. Mais pourquoi venons — nous de déclarer g T^2 symbole de puissance *intensive*, et 2C symbole de puissance *extensive*? Voici cette raison, qui va maintenant, par une détermination plus approfondie de la première formule, nous donner aussi le vrai sens de la seconde : gT^2 est une expression de *vitesse totale* acquise ou perdue dans un temps donné quelconque. Cette vitesse dépend à la fois de l'intensité de la force ac-

célératrice et de la grandeur du temps ; et nécessairement, dans un pareil cas, où tout le
devenir est censé s'effectuer *linéairement*, l'extension, prise dans le sens formel de *largeur*, n'est
pour rien dans l'effet ni dans la cause. Donc tout
y est et reste *intensif*. Au contraire, 2C représente une grandeur d'*aire* ; et toute grandeur de
cette nature est évidemment une *extension*, et
non une *intensité*. Donc, au lieu que le terme
(en dénominateur) g T^2 exprime une *intensité*
réelle, le terme (en numérateur) 2 C désigne une
extension réelle, toujours corrélative d'ailleurs
à l'intensité concomitante ; c'est pourquoi le
mouvement *révolutif* s'adjoint forcément à l'*oscillatoire*, ou l'*oscillatoire* au *révolutif*. Mais
l'oscillatoire, très-contrastant par $+$ et $-$ *successifs*, est spécialement *sensible*; et le révolutif,
nullement contrastant par $+$ et $-$ qui s'annulent
l'un l'autre comme *simultanés*, est au contraire
tout spécialement *intellectuel*.

Réunissons maintenant de nouveau l'un à
l'autre les deux facteurs $\frac{2C}{l^o}$ et $\frac{l^o}{R^2}$, que nous
venons de prendre et de considérer séparément :

de leur complexion résulte immédiatement l'é-
quation $\frac{2\,C}{R^2} = \Omega$, valeur variable entre certaines
limites dans l'ellipse. Mais une ellipse a deux
axes, et n'est point, sous ce rapport, incapable
(en raison du principe de la superposition des
vitesses) d'offrir occasionnellement deux ou même
trois mouvements disparates superposés, à savoir : l'un périodique *elliptique*, effectué dans
le plan des deux axes, comme on conçoit que le
phénomène a lieu dans la polarisation *elliptique* ;
l'autre indéfiniment uniforme et *parabolique*,
effectué dans un plan normal au précédent, à
l'instar de ce qu'on conçoit se passer dans la polarisation *rotatoire*, où le changement incessant
de coloration accuse un détournement de direction sur le fond immanent de l'elliptique ; et le
dernier enfin, *hyperbolique*, effectué comme si le
centre des deux mouvements précédents se dé-
plaçait dans un plan normal aux deux précédents,
ainsi que la chose paraît encore se passer dans la
polarisation *hyperbolique*, où l'on voit l'éparpillement des couleurs par zones spectrales indéfinies
en longueur rectiligne, mais très-rapidement dé-

croissantes en intensité, dénoter un déploiement expirant de vertu rayonnante. Les deux modes *hyperbolique* et *parabolique* de variation étant essentiellement exclusifs l'un de l'autre, il s'ensuit que, quoique se rattachant également après coup au mouvement *elliptique*, les deux mouvements *hyperbolique* et *parabolique* ne peuvent jamais s'y rattacher ensemble dans le même cas; et, par conséquent, s'ils ne laissent point de s'y rallier à la fois, ils constituent avec lui trois mouvements révolutifs distincts, dont chacun doit être censé s'effectuer sur un axe particulier parmi les trois fondamentaux.

Le mouvement *circulaire* ne saurait clairement jamais empêcher ni vicier l'*elliptique* auquel on le conçoit entremêlé; mais les mouvements *hyperbolique* et *parabolique*, adjoints à l'*elliptique* après coup et comme du dehors ou par accident, peuvent au contraire en amortir l'effet *sensible* naturel, ou même le dénaturer complétement. Ce mouvement, n'existant plus en effet que comme *habituel* au moment de l'introduction de l'indéfini *parabolique*, en perd toute sa fraîcheur ou sa netteté primitive, capable d'émouvoir plus ou moins puissamment le Sens ; et, quand le mouvement *hyperbolique* jaillit à son tour de son sein, l'*elliptique* ayant désormais plus l'air d'être étranger que maître dans son propre domaine, ou passant même (avec tout le passé qu'il représente) à l'état d'obstacle apparent, s'il ne se renverse point réellement, semble au moins se renverser, et ne produit plus, en conséquence, que des effets désagréables ou douloureux, contraires aux primitifs. Pour donner un exemple de ces différents cas, nous proposerons ici celui de l'amour naturel ; car, si l'on veut bien en considérer un moment les caractères sensibles, on trouvera que le sentiment *virginal* en est sûr et charmant, que le *conjugal* en est très-variablement appréciable, et que le charnel en est dégoûtant.

10. Nous venons de toucher incidemment à plusieurs points extrêmement remarquables, tels que : 1° la variation *alternante* ou *graduelle* des mouvements elliptiques ; 2° la variation *uniforme* (*absolue*) des mouvements circulaires et (*relative*) des mouvements paraboliques ; 3° la

variation *diversement variée*, constamment excentrique et défaillante, des mouvements hyperboliques ; mais le moment n'est pas venu de nous occuper également de tous ces points ; et la seule question présentement urgente est celle des variations intégrantes *alternante* ou *graduelle* du mouvement *elliptique* en général ; car ce sont les seules qui, procédant toujours par couples de caractères opposés distincts, tels que l'*extension* et l'*intensité*, présentent, à l'instar de la science elle-même, la remarquable propriété de se transformer en s'universalisant. De même, en effet, qu'il n'y a plus de science au moment où la science devient universelle et se change en *intuition*, de même il n'y a plus d'êtres respectivement *extensifs* ou *intensifs* au moment où ces différences se retrouvent partout et deviennent un objet d'immédiate aperception.

Les deux termes chez lesquels les caractères d'*extension* et d'*intensité* ressortent *à la fois* avec une très-grande distinction, sont les termes corrélatifs *sexuels* de *masculin* et de *féminin* ; et les deux termes chez lesquels les mêmes caractères ressortent *l'un après l'autre* avec une

grande distinction encore, sont les termes corrélatifs *sériels* de *producteur* et de *produit*. Ces
deux cas de corrélation se distinguent parfaitement l'un de l'autre, en ce que la différence
des deux premiers termes est tout particuliè-
rement d'ordre *sensible* ou réel, et celle des
deux derniers, d'ordre *intellectuel* ou formel.
Étudions à part chacune de ces deux relations [1].

La première relation, ou la relation *sexuelle*,
au point de vue du système binaire, qui doit
seul ici nous occuper, consiste en la coexistence
et mutuelle rencontre de deux êtres contraire-
ment prédisposés, ou l'un vide et creux, l'autre
plein et concentré, dont le dernier est prêt à faire
explosion au dehors pour se répandre, et dont
le premier est pénétré du besoin inverse de se
recueillir pour devenir à son tour central et dense.
Alors, entrant en exercice, l'être originairement
concentré se projette (puisqu'il est un) *linéaire-*

---

[1] On voudra bien se rappeler ici que, dans notre exposi-
tion, nous entendons prendre ces relations dans leur sens
virtuel, non *matériel*. L'Apôtre excluait bien ce dernier
(Gal., III, 28), mais il réservait et maintenait au contraire
pleinement le précédent. (I Cor., XI, 10.)

ment en dehors avec toute sa force, suivant une loi de décroissement variée mais uniforme en sa variation, assimilable à la succession des nombres impairs décroissants... 5, 3, 1. Par la raison du contraire, l'être originairement dilaté, s'exerçant dans la même sphère du sensible, se recueille, *linéairement* encore, avec une série de vitesses proportionnelles aux mêmes nombres inverses ou croissants, 1, 3, 5.... Mais les deux êtres corrélatifs, au lieu de s'exercer ainsi pendant des temps supérieurs à l'unité, peuvent aussi bien varier *instantanément* ; l'*intensif*, en reculant, ou se dilatant tout d'un coup entre les limites 0 et 1 ; l'*extensif* en progressant, ou se contractant subitement entre les mêmes limites 1 et 0. De plus, puisqu'ils sont deux et qu'ils s'exercent en sens inverse, la somme de leur double exercice est, dans ce dernier cas, figurable par l'expression $\left(2 \times \frac{1}{2}\right) g \, T^2 = \left(2 \times \frac{1}{2}\right) g \cdot 1$. Faisant alors de nouveau $g = 1$, nous obtenons la formule radicale, $1 = \frac{2}{1} \times \frac{1}{2} = \frac{2}{2}$. Mais, dans cette expression, nous ne tenons compte que du mode d'exercice *intensif*, et par consé-

quent *virtuel*, des deux termes en relation. Donc
leur relation est et reste exclusivement *sensible*,
ou physique, ou bien elle se différencie par les
seuls degrés de la vitesse ; et par suite elle est
une relation *générale*, ou typique, convenant à
tous les cas d'exercice *sensible* pur.

La seconde relation, ou la relation *sérielle*, au
même point de vue binaire, consiste en la seulement partielle coexistence et mutuelle rencontre de deux êtres *implicitement* déjà contrai-
rement prédisposés sans doute comme il convient en la relation précédente, mais *explicitement* ne retenant entre eux que le mode apparent et formel d'involution ou d'évolution en sens
contraire, suivant lequel, l'un d'eux décroissant
uniformément à la manière du cosinus, l'autre
croît uniformément à la manière du sinus, ou
réciproquement, les deux êtres ne laissant point
de se rapporter d'ailleurs à même centre, et
décrivant, par leur commune résultante toujours
égale au rayon, un même plan circulaire équa-
torial. Alors, ces deux êtres continuent bien à
s'exercer tous deux *linéairement* au fond, mais
de fait ils s'exercent aussi bien *angulairement* ;

ils sont en outre, à deux, le point de départ de
deux séries inverses, ou l'une décroissante et
l'autre croissante, dont l'apparition est occasionnellement objective ou formelle en principe, et
qui nous les montre pareils, par exemple, 1° à
cosinus $>$ sinus de 0° à 45°, 2° à cosinus
$=$ sinus à 45°, 3° à cosinus $<$ sinus de 45° à 90°;
c'est-à-dire, tels que producteur $>$ produit,
producteur $=$ produit, et producteur $<$ produit. Mais nous avons admis déjà que, dans
le mouvement *oscillatoire* représenté par
la formule à contraste entier $\pm \left(2 \times \frac{1}{2}\right) g\ T^2$,
le phénomène entier est sensible ou physique.
Donc, ici, puisque nous avons au moins un
semi-contraste, le phénomène est au moins semi-
sensible ou semi-physique, et par suite encore
semi-intellectuel ou semi-rationnel. Nous l'appel-
lerons en conséquence *objectivement réel*, c'est-
à-dire *formel*. Comme dérivé du précédent, ce
nouveau phénomène est sensible ; comme ren-
fermant un élément spécial, il n'en dérive point
à proprement parler, mais il le supplante plutôt
pour le remplacer à l'avenir ; et de là résulte une

double différence entre la nouvelle relation et la précédente. D'abord, la première relation est type de *simultanés*, et la seconde, de *successifs*. Puis, la première, toute *virtuelle* en principe, est constitutive de fond, ou *génératrice* ; la seconde, mixte ou *formelle* en principe, est institutrice de modifications, ou *formatrice*. Mais, à ces deux mêmes relations se rattachent encore d'autres considérations essentielles à consigner ici.

11. Si le mouvement *oscillatoire* caractéristique de la première relation s'effectuait exclusivement entre les deux limites 0 et 1 sans termes intermédiaires, étant constamment virtuel en principe et de fait, il resterait un acte *intensif* absolu du Sens interne ; et la forme objective correspondante en l'Intellect serait infinie, comme le passage entre cotangentes et tangentes pour les mêmes limites (0 ou 1) du cosinus et du sinus. Admettons, alors, que les êtres intensifs varient entre des limites moins extrêmes, ou finies, et qu'ils mettent en outre un temps appréciable à varier: les actes présupposés jusqu'à cette heure exclusivement intensifs ou virtuels s'en-

tremêleront de *formel* ; d'abord *angulairement*, dans le temps rationnel ou l'espace objectif, par la variation finie des cotangentes ou tangentes ; puis *linéairement*, dans le temps réel, en la variation graduelle intrinsèque au sujet sensible, conscient de ses propres états. Soient, maintenant, les mouvements oscillatoires effectués entre des limites finies très-inégales, *si rapides* que, le Sens interne n'en étant que très-faiblement impressionné, l'Intellect en soit au contraire éminemment plus apte à mieux saisir et représenter l'énorme variation *objective* correspondante des cotangentes et tangentes, ou de la *forme* : dans ce cas, la représentation de la forme captivera presque entièrement l'attention, et le sentiment de la force ou du fond restera comme inaperçu. Si les mouvements oscillatoires radicaux s'effectuent, au contraire, entre des limites finies très-rapprochées, mais avec *tant de lenteur ou de durée* que le Sens interne ait énormément de matière à saisir, et que l'Intellect n'ait presque rien à représenter, la conscience des êtres en perdra toute notion actuelle de la forme *objective*, mais elle sera fortement impres-

sionnée par le nombre ou la durée des actes internes qui lui seront plus spécialement personnels ou l'affecteront de plus près que les objectifs
dont nous parlions tout à l'heure. On conçoit donc
des êtres si grandement mais aussi si rapidement
oscillants, que l'oscillation s'évanouisse pour eux
et laisse pleine latitude à la perception de mouvements circulaires énormes ; et d'autres êtres,
au contraire, si grossièrement mais aussi si distinctement oscillants, que les mouvements objectifs ou formels n'en apparaissent point et laissent
le champ libre à la pleine perception de leurs
seuls mouvements vibratoires. Les êtres de ces
deux classes, comparés, seront bien absolument
passibles des mêmes relations, mais, relativement, ils ne le sembleront point ; car, si, par
exemple, les premiers jouissent ou souffrent, ils
ne jouissent ou souffrent qu'en représentation ;
et si de même les seconds souffrent ou jouissent,
ils ne souffrent ou jouissent avant tout que dans
le Sens externe ou physique. Les hommes nous
apparaissent être dans ce dernier cas, et l'on
conçoit des êtres angéliques constitués comme il
convient au premier. Entre des êtres angéliques

et des êtres humains, la nature *absolue* ne varie donc point, mais la seule nature *relative* ; les anges sont censés vivre de formes ou d'images, comme les hommes de sensible ou de physique ; les anges habitent l'espace, et les hommes le temps.

Ce que nous venons de dire est bien suffisant pour mettre en lumière la différence d'*espèce* entre les anges et les hommes, mais n'éclaircit encore en aucune façon la différente *manière de voir* propre à ces deux classes d'êtres. Pour nous expliquer clairement sur cette dernière question, ici non moins importante et plus importante même peut-être que la précédente, commençons par faire observer qu'un être intelligent fait acte d'intelligence au premier chef, quand il pense et réfléchit en lui-même. Car *penser*, *imaginer*, etc., sont des actes plus radicalement et plus pleinement intellectuels que ceux de *percevoir* ou de *représenter* des formes à moitié sensibles du genre de celles indiquées précédemment (§ 10). Or les hommes ont précisément pour principal *objet* ces formes hybrides empruntées à l'expérience ; et les anges, au contraire, imaginent ou conçoivent des formes dont ils ne sont redevables (le concours divin réservé) qu'à eux-mêmes. Les anges, voyant le monde étalé devant eux, ne laissent donc point de le voir encore *en eux-mêmes* ; et les hommes le voient *hors d'eux-mêmes* : telle est la proposition capitale qu'il s'agit ici d'établir.

Nous établirons cette proposition en bien marquant ce qu'il faut entendre par *forme interne* et *forme externe*. Nous appelons forme interne, toute forme d'extension *inscrite* en l'objet représenté ; — forme externe, toute forme d'intensité *circonscrite* au sujet représentant ou présupposé tel. Par exemple, nous représentons l'espace *infini* qui nous *environne*, comme limité *pour nous* par la rencontre du ciel étoilé, visible, dont la forme ronde semble en effet intervenir là comme pour le contenir ou le repousser de nous vers le vide absolu le plus lointain : cette forme ronde limitante en est donc une forme *interne*. Au contraire, nous avons la conscience de nous-mêmes et de tous nos actes habituels en manière d'ensemble vivant ou de corps organisé limité par une surface *découverte* tournée

5

vers le *dehors :* cette surface, visible et tangible
à la fois, en est alors la forme *externe*. Mais
notre corps est tout *subjectif* en principe, au
point de vue psychologique du moins ; au contraire, au même point de vue, l'espace infini,
situé derrière la rondeur apparente dont nous
parlions tout à l'heure, et contenant le ciel étoilé
tout entier, est originairement tout *objectif*.
Donc, puisque cet espace n'est susceptible que
de limitation ou de forme *interne*, comme notre
corps de simple limitation ou forme *externe*,
nous pouvons dire en toute vérité que la forme
interne est une limitation d'*objets* intelligibles,
que la forme *externe* est une limitation de sujets
représentants ou présupposés tels ; et enfin,
puisque les anges pensent par eux-mêmes quand
les hommes débutent au contraire toujours par
des images sensibles, qu'originairement les anges
voient le monde en dedans d'eux-mêmes, et les
hommes en dehors.

12. Maintenant, ne serait-il pas possible
d'admettre que la vision des anges se perfectionne
et devient un jour, sans cesser d'être interne, exter-

ne comme celle des hommes; et que, inversement,
la vision humaine se perfectionne de la même
manière et devient, sans cesser d'être externe,
interne comme celle des anges? Nous n'entre-
voyons aucune raison positive d'être affirmatif sur
la future participation totale indiquée des anges
(déjà fort privilégiés et très-peu méritants) à la
vision humaine ; mais nous croyons en avoir
d'admettre, au moins chez certains hommes
d'une éminente vertu, la transformation de leur
vision naturelle en vision angélique, et par conséquent leur propre transformation en astres et
plus encore ; mais nous n'insisterons pas sur ce
point, et nous en profiterons seulement pour
nous autoriser à conclure, soit de ce redoublement prévu de connaissance, soit de ce que tous
faits relatifs sont réductibles aux relations de
sexe ou d'*âge* immédiatement observables en
tous lieux et moments, qu'il n'existe, en ce
double ordre de choses, rien dont on ne puisse
acquérir l'intuition. Cette intitution n'est pas la
même pour toutes les trois puissances radicales
sensible, intellectuelle et spirituelle, indistinc-
tement. A l'Intellect, par exemple, revient la

reconnaissance de la *puissance* et de l'*acte;* à l'Esprit, la distinction du *nécessaire* et du *libre;* au Sens, la perception de l'*interne* et de l'*externe.* Mais, ces choses s'entremêlant ou s'impliquant toujours, les trois intuitions précitées se confondent finalement en une seule intuition *absolue,* révélant d'un seul coup, aux regards des êtres divinement illuminés, tous les moyens de démêler sans embarras les cas les plus divers des complexions binaires.

15. Par la même raison qu'il existe un système *unitaire* instituteur de *genres* absolus, et un système *binaire* instituteur d'*espèces* relatives, il doit exister un système *ternaire* instituteur d'*individualités* particulières, élémentaires. Or nous savons déjà, pour ne pas remonter plus haut, que l'Absolu radical, se faisant relatif en système *binaire*, se représente par la formule (§ 10): $1 = \frac{2}{1} \times \frac{1}{2} = \frac{2}{2}$. Donc le même Absolu, se faisant de nouveau relatif en système *ternaire*, doit s'exprimer à son tour par la nouvelle formule, analogue à la précédente: $1 = \frac{3}{1}$

$\times \frac{1}{3} = \frac{3}{3}$. Si, s'appliquant en système binaire,
l'Absolu radical *se dédouble* et *se redouble* à la
fois, — lorsqu'il se convertit en système ternaire,
nous devons dire par la même raison (sauf à
faire violence à la langue dans cette circonstance),
qu'il *se détriple* et *se retriple* à la fois encore.
En acte de *dédoublement* et de *redoublement*
simultanés, l'Absolu, réel et imaginaire d'un
côté, est inversement imaginaire et réel de l'autre.
En acte de *détriplement* et de *retriplement*
simultanés, il est trois fois *réel* en présence de
trois couples *imaginaires* constamment diffé-
renciés par un élément ou facteur ; mais il ne
subsiste plus aussi qu'en manière d'*unités singu-
lières* indéfiniment multipliables, d'une part, et,
d'autre part, toujours discernables entre elles par
distinction de position ou différence de forme et
de degré dans le temps ou l'espace sensibles.
Ainsi définies, les individualités *particulières*
peuvent être comparées aux individualités *générales* ou *spéciales*, dont il avait été jusqu'à cette
heure question ; et, pour les mieux expliquer,
nous insisterons alors sur ce rapprochement qui

ne saurait être ici sans profit pour l'élargissement ou la clarté des idées.

14. Quelles que soient d'abord les individualités *particulières* actuellement considérées, elles ne doivent pouvoir en aucune manière introduire dans le monde ni de nouveaux *genres* ni de nouvelles *espèces* d'activité, mais seulement apparaître comme une *reproduction déterminée* des individualités *générales* ou *spéciales* présupposées par elles ; et, supposé qu'il en soit ainsi, la participation des individualités particulières aux avantages des générales ou spéciales n'en suspend en aucune façon ni la restriction locale ni le passage éphémère. Par suite, les trois sortes d'individualités générales, spéciales et particulières se succèdent et se subordonnent dans l'ordre de nos trois formules fondamentales 1^3, 1^2 et 1^1. Les prenons-nous alors à la fois, et les supposons-nous (comme il convient) toutes les trois ensemble : le monde ressemble à une *table à triple entrée*, sous la forme d'un cube également abordable en principe de tous côtés, puisque, en raison de l'égalité radicale des trois puissances

sensible, intellectuelle et spirituelle, on n'a pas
le moindre motif d'en imaginer aucune face plus
grande ou plus petite qu'une autre ; mais nous
pouvons bien aussi simultanément, en négli-
geant fictivement l'une des trois puissances radicales, voir la table à triple entrée se transformer en *table à double entrée*, sous la forme
de carrés égaux juxtaposés tout le long de l'axe
de la troisième puissance fictivement supprimée
dans l'ensemble ; et enfin, si nous finissons par
ne considérer les trois puissances qu'une à une,
la table à double entrée se transforme à son tour
en une *simple longueur* égale à chacun des côtés du tube ou des carrés admis. Cependant,
prenons-nous ainsi par hypothèse en bloc, soit
toute une longueur, soit tout un carré, soit tout
le cube : nous particularisons ou spécialisons ou
généralisons bien l'une ou l'autre des trois puissances radicales en exercice externe, mais nous
ne la supprimons jamais entièrement, et n'arri-
vons point aux niveaux inférieurs *absolus* des
puissances *spéciales* dites angéliques, ni des
puissances *particulières* dites humaines. Pour
atteindre absolument ou pleinement ces deux

derniers niveaux, nous devons sectionner le grand
cube, les grands carrés ou les grandes longueurs
jusqu'à cette heure admises, et pour cela concevoir, par exemple dans le cas où chacun des
côtés contiendrait dix divisions, cent divisions
variées à chaque face, et mille petits cubes dans
le cube total. Alors, le *centre* du grand cube en
représentant l'*absolue* position, le *centre* de tous
les petits cubes en représenterait de même l'*absolue* position respective ; mais, pour en avoir
la simple représentation angélique ou *spéciale*,
il suffirait d'en envisager une *face carrée;* comme
pour en avoir l'encore plus simple représentation
humaine ou *particulière*, il suffirait d'en envisager une simple *longueur*. Relativement considérées, les individualités générales, spéciales et
particulières sont donc entre elles comme *cubes*,
carrés et *longueurs;* absolument et relativement
considérées tout à la fois, elles sont entre elles
comme *grand*, *moyen* et *petit*, en longueur, largeur et solidité.

Mais l'idée présentement acquise des individualités *particulières* comparées aux *générales*
ou *spéciales* est seulement *formelle;* comment

arriverons-nous à les distinguer ou les caractériser
en ontre *réellement ?* Nous obtiendrons ce nouveau résultat en continuant à partir de la connaissance acquise déjà des individualités *générales* et
spéciales. D'après les explications déjà données,
en effet, nous devons être en possession de l'immédiate intuition des trois grandes individualités
générales au moyen du Sens interne, radicalement percepteur de l'identité des deux faces objective et subjective de l'être ; et, pour le constater,
nous avons le témoignage de notre conscience
intime. Ainsi, nous discernons pertinemment en
nous les trois modes d'être *sensoriel, rationnel* et
moral ; nous distinguons de même très-bien entre
les hommes d'*action,* les hommes d'*intelligence*
et les hommes de *cœur.* Mais tous ces êtres parfois extrêmement dissemblables ne laissent point
de se rallier entre eux par des nuances de
plus en plus affaiblies ou grossies de caractères,
et se démontrent ainsi finalement, malgré toute
leur opposition, identiques ; c'est pourquoi, su-
perposables à cet égard, ils forment en dernière
analyse, réunis, un cube universel à trois axes
rectangulaires éminemment discernables, l'un

comme siége de Sens, l'autre comme siége d'Intellect, le troisième comme siége d'Esprit ; et de
cette manière le *particulier* fait manifestement
retour au *général*, auquel il participe sans se dé-
pouiller pour cela de son être et de ses propriétés
spécifiques. C'est encore de la même manière
qu'il se rattache aux individualités *spéciales*,
dont il partage les caractères sans abandon des
siens propres. Car imaginons de prendre deux à
deux ou par couples les trois axes dont nous venons de parler : ils nous donnent immédiatement
trois couples de forces planes, qu'il nous sera loisible de concevoir, d'une part, réellement simultanées et concourantes dans l'espace objectif, et
d'autre part, imaginairement l'une décroissante et
l'autre croissante dans le temps rationnel ; en
quoi nous pouvons voir éclater ou poindre une
image des deux sortes de relations *sexuelles* ou
sérielles déjà connues. Au lieu d'attribuer inten-
tionnellement immanence réelle et flux imaginaire aux couples de forces présupposées, attri-
buons-leur concours imaginaire et flux réel : nous
aurons, dans le dernier cas comme dans le précédent, en vue, des individualités finies ; mais

tandis que les précédentes, *immanentes*, ne semblaient pas finir et ne tranchaient point l'une sur l'autre, les dernières, évidemment *transitives*, semblent au contraire s'interrompre à chaque pas; c'est pourquoi le saut apparent n'est plus comme tout à l'heure, d'espèce à espèce, mais de particulier à particulier, sans complète suppression pourtant de l'*imaginaire* continuité, préalable condition indispensable de son avénement.

Comptons maintenant, à partir d'une face du cube admis, et sur une longueur quelconque, une série de cases telle que 1re, 2e, 3e, 4e.....; comptons encore à partir de la face opposée, sans changer de ligne, le même ordre de cases en sens inverse.... 4e, 3e, 2e, 1re, et répétons la même opération en tout sens : nous aurons toutes les *individualités* possibles *généralement* et *spécialement* déterminées; et, pour en avoir la détermination totale, il ne nous manquera plus que d'en assigner l'*élémentaire* absolue. Quelle peut être cette dernière?

15. Puisque cette dernière détermination doit être absolue, qu'on ne s'étonne pas de nous la

voir rechercher dans le premier principe de notre philosophie transcendante : l'identité des contradictoires ! Seulement, au lieu de définir ici l'Être : *l'identité de l'imaginaire et du réel* ou *l'identité de la puissance et de l'acte*, nous le définirons, pour nous placer tout d'un coup dans la sublime ou plus haute région de l'Esprit : *l'identité du nécessaire et du libre* (§ 12).

Le libre est nécessaire en principe; le nécessaire est libre à la fin (c'est-à-dire en application externe[1]).

α) Comme absolu, le Sens est nécessaire en principe *n*), libre à la fin H).

β) Comme relatif, l'Intellect est libre en principe *x*), nécessaire à la fin K).

γ) Comme moyen, l'Esprit tient du Sens et de l'Intellect[2].

---

[1] Le Sens des mots : *en principe, à la fin*, est très-clair par lui-même ; mais un peu de réflexion peut ne pas nuire à sa nette aperception.

[2] De là, ce fait remarquable que, en général, on ne peut changer ni son sentiment ni sa raison, mais seulement son vouloir. Le vouloir est à la fois maître et sujet.

Comme sensible, il est nécessaire en principe λ), libre à la fin Λ);

Comme intellectuel, il est libre en principe ξ), nécessaire à la fin Ξ).

Tous les êtres contingents, étant *spirituels*, participent au double fonctionnement inverse de l'Esprit. S'envisagent-ils comme sensibles ou *positifs*, ils partent du nécessaire *interne* μ), et sont libres *en dehors* M). S'envisagent-ils comme intellectuels ou *négatifs :* ils sont libres au *dedans* ν), et nécessités *au dehors* N).

Les êtres spirituels du premier ordre ou *positifs* sont les êtres éternellement ou perpétuellement libres ; et les êtres spirituels du second ordre ou *négatifs* sont les êtres éternellement ou perpétuellement nécessités. En effet, ces derniers, partant intérieurement du *libre absolu*, se trouvent objectivement en présence du *nécessaire absolu*, nommé *nature* η), *raison* K) et *devoir* λ) et Ξ), qu'ils veulent mais ne peuvent renverser. Les premiers, au contraire, partant de ce même *nécessaire absolu* pris pour base, aspirent seulement à régir le

phénomène objectif tout autant qu'il émane de
l'Intellect libre x) ou de l'Esprit libre A et ξ), ou
du Sens libre Π), et ne veulent en cela que le
possible ; car rien n'empêche le Sens, l'Intellect
et l'Esprit de renverser ce qn'ils ont eux-mêmes
librement établi. Temporellement assujétis par
accident, ceux-ci parfaitement ordonnés doivent
être éternellement libres ; usurpateurs d'un empire factice qui ne saurait durer, ceux-là subissent
une déchéance d'autant plus prompte que leurs
abus sont plus grands, et retombent forcément
sous le joug de l'ordre éternel invariable.

16. Ces principes une fois établis, nous sommes les maîtres de notre sujet. Se fondant sur le
phénomène objectif purement apparent et se pro-
posant de renverser le phénomène subjectif relativement réel, les êtres désordonnés et vicieux
ressemblent aux cotangentes et tangentes qui se
flatteraient de gouverner les cosinus et sinus dont
elles dépendent, c'est-à-dire d'opérer l'impossible.
Au contraire, se fondant sur le phénomène subjectif relativement réel et n'aspirant qu'à mani-
puler le phénomène objectif essentiellement fau-

tastique, les êtres parfaits ou réguliers sont la
force régissant la faiblesse, ce qui vraiment ne
demande de leur part aucun effort sensible. Est-
ce que, en effet, l'ombre ne suit ou n'imite point
spontanément tous les mouvements des corps
opaques exposés au rayonnement solaire? Le phénomène objectif, identique au devenir apparent,
est exclusivement l'ombre ou l'image du devenir
réel auquel il se rattache ; et c'est ce même devenir apparent que les êtres vicieux prennent pour
base, ce même devenir réel que les êtres vertueux
appellent à leur aide : leur éternelle destinée
respective ne comporte donc pas le moindre
doute ; les vertueux régneront éternellement, et
les vicieux leur seront éternellement assujétis.

Quoique fixant éternellement leurs regards
sur le devenir réel intérieur pris pour règle de
conduite, les êtres réguliers ne laisseront point de
les porter occasionnellement aussi, plus ou moins
fréquemment, sur le devenir apparent externe ;
mais ils ne se régleront jamais sur ce dernier,
toujours fatal ou funeste à ceux qui s'en prévalent
sans discernement. En conséquence, ni leurs dé-
sirs ni leurs espérances ne prendront jamais les

airs disproportionnés, excessifs, des cotangentes
ou des tangentes variant entre les ahurissantes
limites 0 et ∞ ; attentifs à se contenir, au contraire , dans l'intervalle paisible des limites habituellement accessibles sans efforts mais non
moins distinctes et saisissables *a* et *b*, ils goû-
teront l'ineffable jouissance d'une égalité perma-
nente d'état, non-seulement entre eux, mais encore avec le créateur lui-même, puisqu'ils seront
alors tous également, pour variation quelconque
de *cosinus* et de *sinus* corrélatifs, égaux au *rayon*
du cercle, leur *résultante* perpétuelle. Ainsi,
tandis que les êtres vicieux passeront à la moindre
occasion, comme la cosécante et la sécante, par
les états les plus extrêmes de distension et de
concentration, ou bien d'ardeur brûlante et de
refroidissement excessif, les êtres réguliers ondu-
leront en quelque sorte sans fin et sans la moindre
secousse dans l'espace, comme on vogue en paix
sur la surface d'une eau limpide à peine ridée
par le vent.

Du reste, petits ou grands, tous les mouvements
relatifs demeurent concentrés, pour les êtres réguliers, dans les deux régions du Sens externe

où de l'Esprit, et ne se font nullement sentir
dans le ressort de la Raison, non moins rigide que
la surface d'une glace solide ou d'un épais cris-
tal. Il est donc possible que, tour à tour, leur
sentiment s'épanouisse ou se contracte, ou bien
encore que leur moral s'anime ou se relâche,
comme le demande le cours des relations exis-
tantes d'être à être ; mais tout cela se passe au-
dessous ou au-dessus du plan *rationnel* ; ce dernier, immuablement construit, contient alignées
les sections consécutives des longueurs ou des
plans déjà dits s'entrecroiser dans le grand cube
cosmique, dont nous avons presque numéroté les
cases distribuées en tout sens. Évidemment,
chaque être régulier a pour lors la conscience
actuelle de sa situation normale, et sait par là
même reconnaître sa place fixe dans l'ensemble
des êtres individuels associés ; et, malgré que
cette fixité rationnelle ne l'empêche point de se
représenter occasionnellement emporté çà et là
par le Sens ou l'Esprit soufflant sur lui tour à
tour, il ne cède jamais son rang, il s'y tient im-
muable comme Dieu même. Nous comprenons
donc comment les êtres bienheureux auront éter-

nellement la conscience actuelle, parfaite et déterminée, de leurs individualités particulières.

17. Les êtres immortels auront la connaissance *intuitive* de leurs états *généraux, spéciaux*
et *particuliers* : telle était notre thèse, et tels
sont les résultats acquis. En cela, nous croyons
avoir réalisé le but de cet écrit, consistant à rechercher comment la connaissance intuitive est
faite, et non déjà comment on en peut devenir
participant ; car ces deux choses sont très-dis-
tinctes, et l'on peut bien poursuivre l'une sans
être obligé d'atteindre l'autre. Néanmoins, nous
ne renonçons pas à rechercher plus tard cette
dernière. En attendant, nous ajouterons ici, sur
l'*Eudémonisme* et l'*immutabilité*, les réflexions
suivantes, comme pouvant être utiles ou agréables
au lecteur.

Le tort des êtres naturels et corruptibles est de
viser avant tout au *plaisir*, et de n'accepter en
sa compagnie la *raison* et le *goût* (moral) qu'à
titre de renfort, non de frein ni de juge. En effet,
le plaisir est objectivement ou subjectivement de
nature très-variable et de degré très-inégal, ainsi

que habituellement très-passager, très-entraînant
et très-inutile. Il a toute son importance en lui-
même, ou n'en a point ; c'est pourquoi, s'il fuit,
il n'en reste rien, et, s'il domine parfois, il nuit.
Commencer alors par le plaisir, c'est commencer
avec de grandes chances de pertes, de regrets et
de maux. Au contraire, mettons la vertu la première, ou bien supposons une autre classe d'êtres
s'inspirant d'abord de la *vertu* seule, et puis,
sans jamais pour cela se soustraire à son empire, s'inspirant (en temps utile) de la *conve-*
nance ou même (par complaisance) du *plaisir :*
ces derniers êtres, possédant en eux-mêmes un
principe de direction infaillible et n'adoptant par
là même aussi que des méthodes d'application
rationnelles, ne seront point sujets, comme les
précédents, à jamais s'écarter de la bonne route
et à voir s'éclipser devant eux le flambeau du
bon goût, de la droite raison et de l'heureux
naturel, ces trois guides éternels inséparables
et toujours propres à se compléter ou se suppléer
l'un l'autre, puisque, relatifs seulement en tant
que distincts, d'une part, ils se confondent absolument, d'autre part, en un, comme identiques
en leur fond,

Dans les controverses sur l'*eudémonisme* ré-
gnant entre les philosophes depuis Aristote jusqu'à Kant, la difficulté consiste à concilier ensemble les deux ressorts du plaisir et de la vertu,
qui semblent de prime-abord incompatibles. Car
il est bien clair, par exemple, qu'on ne peut donner sérieusement à la vertu pour fin ou mobile
le plaisir sensible ; et si l'on admet ensuite une
fois chez un être l'absolu dévouement à la vertu,
la seule rémunération dont on semble pouvoir
le gratifier ne peut être cette même jouissance
sensible d'ordre notoirement inférieur au mérite
réel. Est-ce donc qu'on lui doit alors cette grati-
fication, ou non ? Nous sommes entièrement
d'avis qu'on la lui doit, à titre même de récom-
pense, quoique on ne puisse d'ailleurs lui supposer en aucune manière l'intention d'avoir agi
pour cette fin trop imparfaite, et la raison en est
que, comme le plaisir honnêtement goûté se plie
d'abord sans résistance aux convenances et s'ac-
commode de même plus tard aux sages pres-
criptions de la vertu, sa dernière phase dans la
voie du progrès ; de même encore la vertu, d'abord
tout austère, peut, sans déchoir aucunement, se

prêter complaisamment, soit aux émotions intellectuelles, soit aux agréments spontanés du Sens
externe, qui, tout grossiers qu'ils sont et moyennant l'absence de toute affection désordonnée,
ne la déparent point. On admet forcément que
les plaisirs sensibles spontanés, tout autant qu'ils
ne blessent point les convenances ni ne font obstacle à la pratique des vertus, sont irréprocha-
bles et peuvent même servir d'échelon à l'activité pour se porter, d'eux, à l'amour des convenances d'abord, et à la pratique des vertus
ensuite : ainsi, l'échelle des états moraux se
compose sans interruption du triple échelon des
plaisirs, des convenances et des vertus. Mais, si
l'activité peut et doit irréprochablement monter
ces trois degrés, elle peut et doit inversement
les descendre, pour les remonter encore ; ou bien
il faudrait dire que, une fois hissée au sommet
de l'échelle, elle y est irrémissiblement clouée
pour toujours. Cette conséquence est absurde
et contraire aux faits : toute activité vivante est
essentiellement révolutive. Donc, comme l'initiative par le plaisir a pour conséquence au
moins possible la fin par la vertu, de même

l'initiative inverse par la vertu, qui doit avoir sa fin distincte, a pour conséquence, au moins possible encore, la fin par le plaisir. Seulement, nous devons ajouter que le seul plaisir qui mène par les convenances aux vertus a le droit de passer pour bon, et qu'au contraire la vertu qui se prête par simple complaisance ou sans affection aux plaisirs spontanément offerts, reste excellemment bonne ou ne déroge aucunement; car ces plaisirs qu'elle accueille n'en sont qu'une rémunération en quelque sorte symbolique, et toujours gratuite d'ailleurs, autant du côté de celui qui l'offre que du côté de celui qui la reçoit. Il en est de ces plaisirs comme du papier-monnaie, dont toute la valeur dérive, non du papier lui-même, mais du sceau public dont il porte l'empreinte. Les plaisirs n'ont par eux-mêmes aucune valeur, et tout leur prix leur vient alors de la vertu rémunératrice qui les procure, ou de la vertu rémunérée qu'elle couronne. S'il entre dans la nature de la vertu de provoquer instinctivement les témoignages de la reconnaissance, il faut bien qu'il entre aussi dans sa nature de ne pas les refouler une fois offerts.

18. De même que la vertu n'exclut point radicalement le plaisir, l'immanence n'exclut pas davantage en principe la variation. Ordinairement on identifie trop les deux idées, fort disparates pourtant, d'*éternel* et de *nécessaire*, ou mieux d'*éternité* et de *nécessité* ; car, en admettant qu'on puisse et doive parfois affirmer qu'un être éternel, incapable de varier *en lui-même*, est nécessairement tout ce qu'il est, on n'est point par cela même en droit de soutenir qu'il ne comporte *sous lui*, c'est-à-dire en son domaine, en son genre ou sa puissance, aucune variation. Une puissance invariable en sa position *absolue*, personnelle, interne, ne l'est point pour cela dans sa position *relative*, impersonnelle, externe : ainsi, dans certaines expériences de polarisation en Optique, bien que la lumière naturelle soit radicalement blanche, toutes les couleurs individuelles, élémentaires, peuvent se produire successivement, soit en un demi-tour d'oculaire, soit en un quart de tour, suivant la préalable ordonnance des milieux réfringents. Dans ce cas, elles apparaissent plus pressées ou plus rapprochées en un quart de tour qu'en un

demi-tour d'oculaire ; et cependant on ne pense
point que cette différence d'éparpillement relatif
en altère le moins du monde l'essence. Imagi-
nons-les alors de plus en plus pressées jusqu'à
se concentrer toutes en un, comme elles le font
dans la lumière naturelle : l'essence n'en variera
pas davantage ; nous pouvons même ajouter
qu'elles manquent là tout à fait de position propre ou d'actualité, car l'unique position *concentrée* dans laquelle nous les concevons, n'est plus
la leur mais celle de la lumière *naturelle*. Personnellement invariable en sa première constitu-
tion, cette dernière peut cependant s'en relâcher,
ou subitement, ou successivement, de plus en
plus ; et pour lors, émettant les lumières spé-
ciales ou *particulières* sous-jacentes, elle leur
donne vraiment en dehors de soi, sans cesser
pour cela de les contenir éminemment, la position *propre*, qui leur manquait jusqu'à cette
heure ; et, puisqu'elle la leur donne, elle les crée.
Créer n'est donc point faire du possible ou de
l'*impropre* (être *non pour soi*), mais seulement
changer le possible en actuel ou l'*impropre* en
propre (être *pour soi*). C'est encore, il est vrai,

changer le propre en impropre ou l'actuel en
possible, ou bien se relâcher et perdre ; mais
c'est seulement perdre dans son avoir *objectif*,
non dans son être *subjectif*, ou son essence personnelle. La personnalité reste malgré la restriction de son *fonctionnement* ; et puisque la personnalité reste avec tout son cortége de qualités
internes (spirituelles, intellectuelles ou sensibles),
elle retient d'abord évidemment son naturel, ses
maximes ou ses goûts, et puis elle se conserve
bien aussi clairement, malgré sa partielle retraite
du dehors, en sa faculté première de le juger,
de le goûter, ou même d'y participer par inter-
valles à sa guise ; tandis que le dehors, n'existant
plus ou point à son niveau, ne peut aucunement
se faire une idée de ce qu'elle éprouve, pense ou
fait en elle-même. La puissance supérieure, quoique séparée personnellement de l'inférieure, ne
cesse donc jamais de la contenir formellement ;
mais la puissance inférieure, déjà séparée personnellement de la supérieure, ne la contient pas
plus formellement que réellement. Ainsi, comme
le dit admirablement l'Apôtre (1 Cor., II, 14 et
15) : L'homme animal ne peut atteindre aux

choses de l'Esprit ; mais l'homme spirituel juge de tout et n'est jugé par personne. *Animalis homo non percipit ea quæ sunt Spiritûs Dei : stultitia enim est illi.... Spiritualis autem judicat omnia, et ipse à nemine judicatur.*

FIN.

TABLE DES MATIÈRES

FIN DE LA TABLE.

Erratum du n° 1 précédent :

Pag. 61, lig. 10 : au lieu de *forme*, lisez *force*.

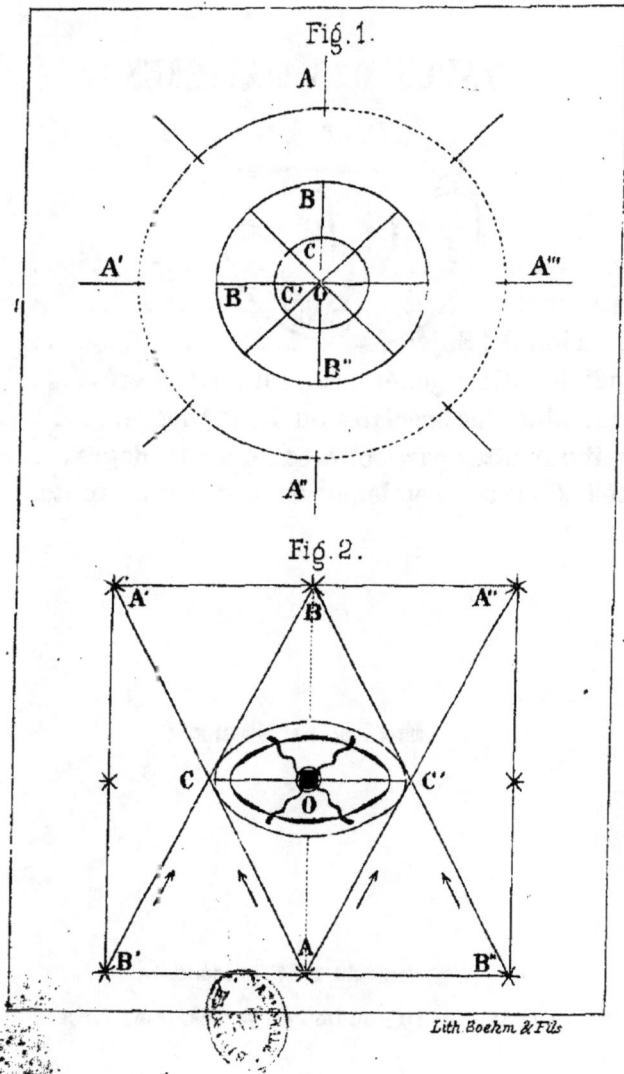

Fig.1.

Fig.2.

Planche du N.º 6 *(Phénoménologie)*

(reproduite)

Lith Boehm & Fils

www.ingramcontent.com/pod-product-compliance
Lightning Source LLC
LaVergne TN
LVHW050632090426
835512LV00007B/798